LA RÉPUBLIQUE DE JEAN LAVIGNE

LE GOUVERNEMENT A BON MARCHÉ

SOMMAIRE DE CET OUVRAGE :

PARIS

EN VENTE CHEZ TOUS LES LIBRAIRES

1873

LA RÉPUBLIQUE DE JEAN LA VIGNE

LE

GOUVERNEMENT

A BON MARCHÉ

PARIS
EN VENTE CHEZ TOUS LES LIBRAIRES

1872

PARIS. — IMPRIMERIE ALCAN-LÉVY, RUE DE LAFAYETTE, 61

I

LE BUDGET

COUP D'OEIL GÉNÉRAL

Je n'ai pas besoin de vous dire, mes enfants, qui je suis ni d'où je viens.

Pour le moment j'arrive de Versailles, où j'avais entendu dire que nos députés étaient occupés à lire dans un gros livres de onze à douze cents pages, qui s'appelle le *Budget*.

Grâce à l'obligeance du représentant de chez nous, qui ne parle jamais, mais qui vote joliment bien, j'ai pu avoir ce livre en ma possession, et voici ce que j'y ai trouvé.

D'abord il faut vous dire que, pour faire face aux malheurs de la guerre, il est nécessaire que la France paie, pendant dix ans au moins, cinq ou six cents millions d'impôts de plus chaque année.

Cinq ou six cents millions, ce n'est pas une petite affaire, et je crois qu'aucun de nous n'en verra autant que cela en un seul tas, dans le cours de sa vie.

Droits sur les cartes et licences,

Droits sur les places de chemins de fer,

Droits sur les tabacs,

Droits sur les poudres à feu,

Droits sur les papiers, etc., etc., etc.

Mais si nous sommes producteurs quant à nos récoltes, nous devenons consommateurs pour toutes les choses que nous ne pouvons pas produire.

Que la somme d'impôt que j'ai à supporter soit prise sur l'huile ou sur le vinaigre, en aurai-je moins à payer pour cela ?

Non, mes amis, la propriété foncière, quoique non grevée directement par les suppléments d'impôts, n'est pas exonérée pour cela des charges nouvelles : elle les paie sous une autre forme, voilà tout.

Il fallait économiser cinq cents millions sur le budget de chaque année, ce n'était pas plus difficile que cela.

Voici ce que moi, Jean la Vigne, j'aurais fait :

Je me serais dit : Puisque nous sommes en République, le moment est tout à fait favorable pour convertir en bel et bon argent ce que nous conservons en pure perte pour loger, faire vivre, enrichir et engraisser des rois, ou des empereurs.

J'aurais dit à mon ministre des finances :

— Commence, mon bonhomme, par faire des économies autour de toi. Tu me fais payer deux cent cinquante millions pour encaisser deux milliards et demi, c'est trop cher. Je te donne de bonnes créances à recouvrer et tu me perçois pour cela *dix pour cent!* Je te le répète, c'est trop cher. Si tu ne veux pas travailler à meilleur marché, je te mets à la porte.

J'aurais bien trouvé un autre ministre qui se serait contenté de cinq ou six pour cent. Supposons que je n'eusse économisé que *cent millions* sur deux cent cinquante, c'eût été toujours, au bout de dix ans, *un milliard* à valoir sur les cinq ou six que nous devons payer à la Prusse.

Je lui aurais encore dit :

— Tu vas trouver en caisse les vingt-cinq millions, par an, de ton ex-empereur, le million et demi de son auguste famille, et tu vas pouvoir reprendre possession des biens de la nation, dont ces braves gens s'étaient administré la jouissance, sans payer d'impôts.

D'abord, je veux que tu vendes les diamants de la couronne et la couronne avec : les objets d'art sont hors de prix, ce sera une excellente affaire. Tu vendras également les meubles et effets mobiliers qui garnissent les palais. Tous ces objets nous sont maintenant inutiles, et puis, ça tire l'œil, ça donne à un tas d'ambitieux l'idée de nous les reprendre.

Tu veilleras à ce que les livres de la Bibliothèque Nationale soient tous remis en place, pour l'usage des citoyens, car il n'y a plus de maître pour dire : « Ces livres sont à moi, et je les prête ou je les donne à qui bon me semble. »

Tu feras également rentrer les tableaux dans les musées. Personne n'a plus le droit de les en ôter pour les envoyer brûler chez un courtisan.

Tu te souviendras, en outre, que l'ex-empereur avait en jouissance, pour en user selon son bon plaisir, les domaines suivants :

Le palais des Tuileries et la maison rue de Rivoli, n° 92,

L'hôtel de la place Vendôme, n° 9,

Le palais du Louvre,

Le palais de l'Élysée,

Le Palais-Royal,

Les châteaux de : Versailles,

— Saint-Cloud,

— Meudon,

— Saint-Germain,

— Compiègne,

— Fontainebleau,

— Rambouillet,

— Pau,

Et toutes leurs dépendances ;

Les domaines de : Marly,

— Villeneuve-l'Etang,

— Lamothe-Beuvron,

— La Grillère, etc.,

Les manufactures de Sèvres, des Gobelins et de Beauvais,

Les bois et forêts de Vincennes, Sénart, Dourdan, Laigne, etc., d'une étendue de *soixante-sept mille hectares*,

Et que toutes ces propriétés ne payaient pas un centime d'impôt à l'État.

Je veux que la nation rentre en possession de ses biens; qu'elle vende les palais inutiles et qu'elle change la destination des autres, de façon à ce que cela lui rapporte; qu'elle afferme ses terres et exploite elle-même ses forêts; qu'elle bénéficie du produit de ses manufactures.

Supposez que tout ce que je dis là eût été fait: nous aurions encore de ce côté *cent millions* par an d'économie.

Le dernier règne nous a coûté plus que cela chaque année.

Sans compter les dépenses des départements où les *virements* des préfets vidaient les caisses publiques pour faire crier : Vive l'Empereur!

Voilà donc déjà *deux milliards* de trouvés pour aider à payer nos dettes.

Cela ne vaut-il pas mieux que d'aller demander cinq millions à un impôt sur la chicorée?

Et comme j'ai l'intention d'examiner un à un le budget de chaque ministère, il me sera facile d'établir qu'en appliquant partout mon système d'économies, les trois autres milliards que l'on cherche seraient plus que réalisés.

Car nos ministères et nos administrations, je vous le démontrerai, mes enfants, emploient trop de monde.

Il y a en France toute une armée de fonctionnaires publics, qui se sont emparés de nos destinées à la suite de leurs souverains successifs, et qui s'obstinent à prétendre que nous ne pouvons pas faire nos affaires nous-mêmes.

Le droit de nous administrer leur appartient.

Toutes les places et tous les traitements sont leur propriété.

Il se coalisent, s'entendent et se soutiennent pour nous faire accepter leur domination.

Ils manœuvrent avec tant d'ensemble et s'appuient sur de si gros traitements, que lorsque les gouvernements changent, il n'y a qu'eux qui ne changent pas. Ils enlacent le pouvoir et s'imposent à lui.

Même lorsqu'ils se trouvent momentanément en disponibilité, ils sont les seuls qui aient le droit de circuler librement dans les palais et dans les ministères.

Leur nom leur tient lieu de mot de passe ; ils le prononcent et tous les valets s'inclinent devant eux.

Commettent-ils une faute, un abus, une action punissable ? Rien n'est difficile comme d'obtenir leur mise en accusation.

Car il faut nécessairement pour cela que ce soit un autre fonctionnaire qui en prenne la responsabilité.

Et cet autre fonctionnaire craint de manquer aux devoirs de solidarité qui font la force du *fonctionnarisme*.

Un fonctionnaire comparaît-il par aventure devant un tribunal ?

Assurément les juges font leur devoir.

Mais voyez comme, pour lui, la voix du président se fait douce ! Comme il se trouve là, par hasard, un fauteuil pour asseoir l'accusé !

Je ne parle pas, bien entendu, des petits employés, des petits fonctionnaires. Ceux-là sont comme les petites mouches qui, n'ayant pas la force de traverser la toile d'araignée, sont bien obligées de s'y laisser prendre.

Cependant les petits employés et les petits fonctionnaires ont l'espoir de devenir grands. C'est le rêve de toute leur vie.

Cet espoir, et la crainte de leurs chefs, en font des soldats dévoués à l'œuvre commune.

Ils se soutiennent tous à nos dépens.

Est-ce à dire pour cela qu'il faille leur faire du mal ou leur manquer d'égards ?

Pas le moins du monde.

Mais il faut leur donner moins de verges pour nous fouetter.

Il faut réduire les trop gros traitements et supprimer les fonctions inutiles.

Plus vous payez les gens, moins ils travaillent.

Vous savez bien que les poules grasses ne pondent pas.

Mais si nous voulons réduire les gros traitements, il faut, encore une fois, profiter de ce que nous sommes en République.

Sous un roi ou un empereur cela ne se pourrait pas.

Un chef de l'État qui arrive à cette place sans le sou, comme ça c'est vu, et qui se fait payer des millions pour le seul souci d'être notre maître, n'a pas le moindre intérêt, — loin de là, — à réduire les gros traitements.

Au contraire, plus il y a de gros fonctionnaires autour de lui, plus ça le pose.

Plus le domestique brille, plus le maître éblouit.

Et, de même que chez les riches particuliers c'est un luxe que d'avoir vingt-cinq valets pour servir deux personnes, de même c'est un luxe chez les souverains d'avoir des milliers de gros fonctionnaires pour brosser le velours du trône.

Un souverain, voyez-vous, c'est comme une citadelle, plus c'est entouré et fortifié, plus il est difficile d'y atteindre.

Ça revient cher, c'est vrai, mais qu'est-ce que ça lui fait, à cet homme?

Puisque ça ne lui coûte rien!

Puisque c'est nous qui payons !

Et puis, il y a autre chose. Un gouvernement est obligé de donner beaucoup de gros traitements pour s'attacher toutes les aristocraties.

Les gros fonctionnaires sont le trait d'union obligé entre le souverain et les aristocrates de sang ou de fortune.

Pas d'aristocrates, pas de dynastie possible. Pas de dynastie, pas d'aristocrates.

Dans une maison qui n'a qu'un rez-de-chaussée, on économise tout naturellement les frais d'un escalier.

Un souverain qui n'aurait autour de lui que de gros fonctionnaires, serait assez bien gardé sans doute, mais cela ne suffirait pas pour en faire un souverain de qualité.

L'aristocratie seule peut lui donner le cachet.

Or, pour s'emparer de l'aristocratie, voici ce que fait le maître:

Il cherche, dans son entourage, un beau garçon, qui parle bien et possède des talents d'agrément. S'il n'a pas de titre, il lui en donne un. S'il n'a pas de femme, il lui en fournit une jolie qui aime les toilettes tapageuses,

Et il lui dit : « — Toi, je te nomme préfet. Avec ton traitement et tes frais de bureaux, tu te feras facilement de quatre à cinq mille francs de revenu par mois. Si tu travailles bien je t'en donnerai le double. Tu vas arriver dans une ville charmante où le conseil général du département t'a fait bâtir et meubler un hôtel magnifique. Tu trouveras là tout ce qu'il te faut, depuis les plus gros meubles jusqu'aux plus petits, jusqu'aux meubles de toilette et à la batterie de cuisine.

« Je ne te demande pas si tu es capable d'administrer un département, ce n'est pas là le point essentiel. On te remettra, avant ton départ, un questionnaire que tu étudieras. Quand tu le sauras bien, et que tu auras reçu officiellement ton personnel d'employés, tu te feras suivre par tes chefs principaux et tu iras visiter les bureaux les uns après les autres. A chacun tu adresseras les questions qui le concernent; tu te feras expliquer les affaires en retard. Ne discute jamais, tu pourrais te tromper. Tu hocheras la tête; tu recommanderas l'activité, l'empressement à accueillir les plaintes ou les demandes, et à t'en faire part. Tu te montreras profond, sévère et bienveillant, et tu rentreras dans ton cabinet.

« Voilà pour l'administration : ce n'est pas plus difficile que cela. Tu auras eu soin, d'ailleurs, de dire à tes chefs de divisions que tu les sais capables et honnêtes, que tu te reposes sur eux avec confiance. Tu n'auras donc plus qu'à donner des signatures.

« Mais voici maintenant la partie administrative la plus difficile, celle qui doit particulièrement révéler le génie d'un préfet.

« Tu seras à peine arrivé à ton riche hôtel que toute la ville le saura. Ta femme ne doit pas arriver en même temps que toi; cela ne se fait pas.

« Il n'existe pas une seule préfecture en France qui ne soit constamment assiégée par une douzaine de vieux nobles dont l'activité est telle qu'ils sont toujours arrivés les premiers dans l'antichambre du préfet.

« Ton garçon de bureau, qui les connaît de longue date, te les imposera au besoin.

« Tu les recevras un à un, et tu veilleras à ce que ta conversation ait un parfum exquis d'aristocratie.

« Chacun d'eux te dira qu'il reste fidèle à son roi, mais qu'il t'offre son concours pour maintenir la cause de l'ordre.

« Tu te garderas bien de chercher à les convertir en ma faveur; mais, tout en faisant mon éloge, tu leur laisseras croire que, toi aussi, tu pensés comme eux, mais que tu sers avant tout la cause de l'ordre dont je suis, pour le moment, le seul arbitre.

« Ils te quitteront avec la joie dans le cœur, et ce sont eux qui te feront, du jour au lendemain, la réputation qu'il te faut pour me servir avec éclat.

« A partir de ce moment tu n'auras plus besoin de police dans ton departement.

« Tes vieux nobles, avec une activité toute juvénile et qui ne te coûtera rien, te feront ou t'enverront des rapports sur l'opinion et les agissements de tous les petits fonctionnaires placés sous ta domination.

« Ils te visiteront souvent et t'ennuieront beaucoup, mais tu te souviendras du conte de *Cendrillon*, où il est dit qu'il faut souffrir pour être belle.

« Ils te demanderont des choses injustes, impolitiques et impossibles, mais tu n'accueilleras ni ne repousseras aucune de leurs sollicitations. Tu leur exprimeras toute ta reconnaissance pour le concours honorable et désintéressé qu'ils veulent bien t'accorder. Tu leur promettras d'examiner avec le plus grand soin leurs propositions et leurs demandes.

« Seulement, le jour où ils viendront te dire qu'un nouveau chemin vicinal coupe leur propriété, parce que c'est la ligne la plus courte, et qu'il est utile, pour leur éviter ce désagrément, de faire faire une courbe à ce chemin, et d'enlever pour cela vingt ou trente parcelles de terre à de petits cultivateurs qui n'ont pas d'autre propriété pour vivre, tu t'empresseras de leur donner raison et de faire changer à l'instant la direction du chemin projeté.

« Cette simple satisfaction leur suffira, et ils deviendront de plus en plus tes amis intimes.

« L'aristocratie nobiliaire satisfaite, l'aristocratie de fortune ne sera plus qu'un grain de sable à enlever.

« Tu feras alors arriver ta femme.

« Le journal de la préfecture aura déjà parlé de sa beauté, de sa distinction, de ses toilettes délicieuses.

« Tu donneras d'abord un dîner dont ta femme fera les honneurs.

« A ce dîner assisteront toutes les *notabilités* de la ville.

« Et ta femme y sera si aimable que dès le lendemain vous serez, elle et toi, les maîtres absolus du département.

« Avec quatre ou cinq bals, quand viendra la saison d'hiver, les toilettes tapageuses de ta femme passionneront tellement toutes les invitées pour le bon genre de la haute cocoterie parisienne, que ta femme deviendra plus puissante que toi-même, et que tes fournisseurs de Paris ne te demanderont d'autre paiement que de répandre leurs adresses dans ton entourage.

« Tu auras donc obtenu ainsi l'appui et le dévouement de toutes les aristocraties, et ces aristocraties maîtresses de la fortune et du sol territorial, formeront autour de toi et des autres fonctionnaires de l'État un second cordon de défense infranchissable. »

C'est ainsi, mes enfants, que sous les monarchies l'on dresse et forme un préfet; vous devinez le reste.

Mais vous avez besoin de comprendre que cet homme qui vous éblouit et que vous payez, ne devrait être en réalité que votre très humble serviteur.

Vous ne voudriez pas revenir, je pense, au temps de la féodalité, temps heureux où le seigneur confisquait votre bien et vous enlevait votre fille ?

Eh bien, c'est y revenir que de crier, comme les grenouilles qui demandent un roi, qu'il vous faut un maître.

Le maître, sous une république, est celui qui paie pour être servi, c'est-à-dire, vous et moi, tout le monde.

Le maître, sous une monarchie, est celui qui se fait payer pour opprimer ceux qui le paient, c'est-à-dire le *monarque*.

Comprenez-vous la différence, maintenant?

Voulez-vous payer pour être maîtres ou pour être valets ?

Oh! il est joli le langage des souverains!

Quand ils vous tiennent bien sous leur main, quand, avec l'aide de leurs fonctionnaires et de leurs aristocrates, nobles ou bourgeois, ils ont réussi à enchaîner vos mouvements et à paralyser votre langue, ils vous lèguent, comme de vils troupeaux, à leurs enfants et petits-enfants.

Ils appellent cela fonder une dynastie.

Quelquefois ils vous donnent en dot à leurs filles.

Et tous vos gros fonctionnaires et tous vos aristocrates vous prouvent très clairement que vous devez bénir et adorer ces bons maîtres qui se contentent de vous tondre, quand ils pourraient vous manger.

Croyez-moi, mes enfants, soutenons tous la République; nommons d'honnêtes gens qui soient connus de vieille date pour être des républicains comme nous; nommons des gens qui n'aient jamais été de gros fonctionnaires et qui n'aient jamais été au service d'une *dynastie;* nommons des gens instruits, qui sachent assez faire leurs propres affaires pour pouvoir faire les nôtres, et qui ne soient pas assez fous ou assez ambitieux pour nous promettre plus de beurre que de pain.

Exigeons de nos représentants des garanties, prises dans leur vie passée, et non des promesses et des serments pour l'avenir.

Fuyons ceux qui sont trop empressés à nous tirer dans un sens ou dans un autre, mais suivons au contraire, avec confiance, ceux qui ont toujours marché en avant sans forfanterie et sans faiblesse.

Fondons une bonne, sage et solide République : ce sera notre dynastie à nous.

Et cette dynastie nous fournira les milliards qui nous manquent, sans qu'il soit nécessaire de payer de nouveaux impôts.

Je vous ai déjà dit comment nous pouvions réaliser cinq milliards en dix ans :

Un milliard, en économisant sur les frais de perception des impôts.

Un milliard, en économisant les frais d'un monarque.

Trois milliards, en retranchant les gros traitements et les frais inutiles.

Il faut pourtant tout prévoir.

La raison nous dit que nous ne pouvons pas jeter sur le pavé, du jour au lendemain, tous ces gros mangeurs de budget, bien que, s'ils eussent été économes, ils posséderaient aujourd'hui assez de fortune pour se suffire.

Congédions-les avec des ménagements, — en les payant, comme d simples commis, pendant une dernière année.

Des gens si savants et si utiles trouveront bien, d'ici à un an, une place au niveau de leur capacité.

Ce sera d'ailleurs leur affaire.

Mais, en attendant, il faut recompléter nos *cinq milliards*.

Vous allez voir que rien n'est plus facile.

Le territoire de la France se divise comme suit :

Terres arables	25,628,313	hectares.
Vignes	2,101,696	—
Prairies naturelles	5,160,780	—
Pâtures et pâtis	9,209,069	—
Forêts	8,985,970	—
Sol non agricole, routes, rivières	1,943,066	—
Total	53,028,894	

Soit 50 millions d'hectares pouvant fournir un revenu imposable.

Vous savez que l'impôt est en raison de ce que produit la terre et que le produit de la terre est en raison du travail de celui qui la cultive.

Nous qui cultivons nous-mêmes et qui piochons dur, nous obtenons de meilleures récoltes que ceux qui ne font rien.

Mais, en revanche, plus nous travaillons plus nous payons.

Nos impôts vont, bon an mal an, de huit à dix francs par hectare.

Tandis que les trois cents hectares de landes et broussailles de Château-Riquet ne paient pas l'un dans l'autre *vingt centimes* par hectare.

Ces trois cents hectares ne produisent rien, c'est vrai, mais ce sont des terres pareilles aux nôtres.

Si leur propriétaire les cultivait, il ajouterait à l'alimentation de la France, et tout le monde s'en trouverait bien.

Mais il est assez riche pour se passer de leur produit.

Il aime mieux les garder telles qu'elles sont, pour ses chasses.

Il y a comme cela quinze millions d'hectares en France, qui seraient excellents à cultiver, mais qui restent sans culture et dont l'impôt ne produit quelquefois que dix centimes par hectare, ce qui est le minimum fixé par la loi.

Eh bien, moi, Jean la Vigne, si cela me regardait, je les taxerais tout de suite à dix francs l'hectare.

Cela ferait plus de *cent millions* par an, et au bout de dix ans plus d'un *milliard*.

D'abord, moi, je voudrais que l'impôt fût égal pour tout le monde.

Autant d'hectares, autant de fois dix francs d'impôt.

Chacun alors serait intéressé à labourer son champ et à lui faire produire le plus possible.

Les paresseux paieraient pour les travailleurs et les travailleurs enrichiraient leur pays, tout en faisant leur petite affaire.

Et sur les *cinq cents millions* d'impôt foncier qu'il y aurait alors par an, en procédant sur le tout (1), on mettrait cent millions de côté chaque année, pour indemniser ceux dont les orages, les intempéries ou les événements auraient détruit les récoltes.

Avec *cent millions* par an, on pourrait au moins donner de vraies indemnités et non pas des aumônes.

Oh! je sais bien que les plus riches crieraient plus fort que les autres, mais je les laisserais crier.

Ce n'est pas à nous qu'il faut dire qu'il y a des terres stériles.

Que diriez-vous si un homme, parce qu'il aurait beaucoup d'argent, allait chaque jour acheter tout le pain que font les boulangers, et s'amusait à le voir moisir, pendant que nous autres nous mourrions de faim?

Laisser la terre à ne rien faire ou laisser moisir le pain, est-ce que ce n'est pas la même chose?

Voilà, mes enfants, ce que j'avais à vous dire pour aujourd'hui.

Dans nos prochaines réunions, nous passerons en revue, un à un, tous les gros traitements, et vous verrez que nous n'avons pas besoin de tant de nouveaux impôts pour payer nos dettes.

Vous verrez aussi, qu'avec la République, nous pouvons arriver à calmer et à contenter tout le monde, sans faire de révolutions.

---

(1) *L'impôt foncier* fait partie de la contribution directe, mais il n'entre que pour 167,683,000 fr. dans les 322,680,876 fr. qui figurent en tête du budget des recettes.

II

LE MINISTÈRE DE LA JUSTICE

Je vous ai expliqué, mes enfants, pourquoi il fallait réduire cette armée de gros fonctionnaires qui dévore le budget et qui nous opprime ; mais je n'ai pas entendu dire pour cela qu'il fût nécessaire de supprimer les fonctions publiques.

Une des fonctions publiques les plus utiles et les plus respectables, est celle qui consiste à rendre la justice.

Car, pour rendre la justice, il faut être *juste*.

Être *juste* n'est pas un talent qui s'acquiert par l'étude, c'est une vertu qu'on apporte en naissant.

On ne peut donc pas dire à un jeune homme sans expérience et en proie aux passions de son âge : — Toi, tu vas diriger tes études vers la magistrature.

Comment deviner si ce jeune homme, qui s'ignore lui-même, sera plus tard un homme *juste?*

Ce n'est pas d'ailleurs à l'homme à aller chercher la fonction. C'est à la fonction à aller chercher l'homme.

Et il faut pour cela que l'homme soit fait et non à faire.

Les Romains, dont les lois ont servi de modèles aux meilleures des nôtres, avaient une telle estime pour la magistrature, que, chez eux, ce n'était pas une *fonction*, mais une *dignité*.

Ils ne payaient pas un homme pour l'exercer, mais ils l'en investissaient comme récompense.

Et encore exigeaient-ils qu'il fût assez riche pour ne pas être tenté de devenir vénal.

Dans ces conditions, à cet âge, avec ce passé couvert déjà d'une certaine gloire, n'ayant plus qu'une plus grande somme de considération à acquérir, le magistrat n'ambitionnait que deux choses : gagner par son équité la vénération du peuple, et faire passer un nom sans tache à la postérité.

La meilleure et la plus belle des lois romaines, la seule que nous n'ayons pas prise, est précisément celle qui réglait le choix des magistrats !

Certes, nous avons une magistrature honnête et instruite, mais cette magistrature ne serait ni moins instruite ni moins honnête si elle était élue chez nous, comme elle l'était chez les Romains.

Voyez d'ici le piédestal sur lequel on posait le magistrat.

Tant que le citoyen romain pouvait combattre ou servir activement son pays, la République le récompensait en lui donnant des présents ou des terres. A chaque service rendu, à chaque action d'éclat, nouveau cadeau et nouvelle fortune.

Et quand la carrière de cet homme avait atteint l'apogée de la gloire ; quand l'approche de la vieillesse le contraignait au repos ; quand la nation, ayant tout épuisé, ne savait plus que lui offrir, elle lui décernait la magistrature !

Quelle grandeur et quelle noblesse dans cette façon d'élire et d'être élu !

Et surtout, mes enfants, quelle économie !

Arrivons à notre budget.

Vous savez que l'administration de la justice doit nous coûter, d'après les prévisions du gouvernement, *trente-trois millions cinq cent soixante-quatorze mille six cent quatre-vingt-onze francs.*

Cette somme est répartie comme suit :

Chapitre Ier.	Personnel	562.300
—	II. Matériel	100.000
—	III. Personnel du Conseil d'État	816.700

Chapitre IV.	Matériel	90.000
— V.	Cour de cassation	1.183.600
— VI.	Cours d'appel	6.665.961
— VII.	Cours d'assises	156.200
— VIII.	Tribunaux de première instance	10.047.830
— IX.	Tribunaux de commerce	175.800
— X.	Tribunaux de police	84.200
— XI.	Justices de paix	7.810.300
— XII.	Service de la justice française en Algérie.	919.800
— XIII.	Frais de justice criminelle en France et en Algérie et frais de statistique	4.750.000
— XIV.	Secours et dépenses imprévues	152.000
		33.574.691

Rendons cette justice au gouvernement qu'il a déjà réalisé des économies, et que cette somme de plus de trente-trois millions est appelée à subir encore bien des réductions. Mais je demande, moi, une réforme radicale.

Le *chapitre premier* comprend les 60,000 francs alloués comme traitement au ministre ; je les lui laisse, à la condition que ce sera tout. J'en reparlerai d'ailleurs tout à l'heure, à propos du chapitre deuxième.

Les bureaux du ministère comptent 101 chefs, sous-chefs ou commis, et reviennent pour ce service seulement à 420,000 francs.

Sur ces 101 employés, dont nous pouvons ne pas compter l'économe, il reste 35 chefs et sous-chefs, et 65 commis, ce qui représente un officier pour deux soldats.

C'est trop d'officiers, cinq devraient suffire.

Respectons les appointements des commis qui ne s'élèvent qu'à 195,000 francs, et faisons une économie de 190,000 francs sur les chefs.

Nous trouvons, sous ce même chapitre, 52,300 francs pour 39 serviteurs. Ici encore, c'est trop de monde.

Le *chapitre II* de ce ministère porte en dépense 22,000 francs pour l'hôtel du ministre, et 78,000 francs pour les bureaux.

D'abord, le ministre n'a pas besoin d'hôtel. C'est un homme qui lorsqu'il devient ministre, est déjà très convenablement logé. Du moment que nous lui donnons 60,000 francs, cela doit lui suffire.

Ensuite, quand on a des bureaux et un jardin qui reviennent à 12,000 francs de frais d'entretien par an, sans compter le chauffage, l'éclairage et les fournitures, il est bien permis de croire qu'il s'y trouve un cabinet de travail pour le ministre et une salle de réception.

Je crois faire largement les choses en ne retranchant que la moitié des *cent mille francs* portés à ce chapitre.

Le *chapitre III* alloue, pour le conseil d'État tout seul, une somme de près d'un million.

Comme l'Assemblée pourrait bien finir par reconnaître l'inutilité d'un conseil d'État, je prends le pas sur elle, et je le supprime. S'il est utile, il peut d'ailleurs être organisé comme les autres tribunaux.

Les dépenses de la *cour de cassation* font l'objet du *chapitre cinq*.

Il y a à la cour de cassation 56 magistrats, dont les traitements varient de 18,000 francs à 35,000 francs, ce qui représente une dépense totale de *un million soixante-dix mille francs*.

Cette somme pourrait être économisée entièrement, ainsi que je vous l'expliquerai dans mon plan d'organisation judiciaire.

Je n'insisterai pas sur les autres articles de ce chapitre.

Le *chapitre VI* est relatif aux *cours d'appel*, et prévoit pour cet objet une dépense de 6,665,961 francs.

Il y a en France 26 cours d'appel, par conséquent 26 premiers présidents. *Un* seul touche 30,000 francs, *quatre*, 25,000 francs, *un*, 18,000 fr., *vingt*, 15,000 francs; total, 448,000 fr.

91 présidents de chambre touchent de 7,500 francs à 13,750 francs, ensemble 774,250 francs.

611 conseillers, de 5,000 à 11,000 francs, ensemble 3,639,000 fr.

26 procureurs généraux, rétribués exactement comme les premiers présidents, 448,000 francs.

26 premiers avocats généraux, de 7,500 à 13,750 francs, ensemble 213,250 francs.

41 avocats généraux, de 5,833 à 13,200 francs, ensemble 320,000 fr.

61 substituts, de 3,750 à 11,000 francs, ensemble 320,500 francs.

Les *cours d'assises* font l'objet du *chapitre sept* et ne sont inscrites que pour 156,200 francs, mais ce chapitre doit être réuni au chapitre XIII qui regarde les dépenses de la justice criminelle.

Nous trouvons, au *chapitre huit*, les *tribunaux de première instance*, au nombre de 359.

359 présidents reçoivent de 3,600 à 20,000 francs, ensemble 1,571,000 francs.

112 vice-présidents, de 3,375 à 10,000 francs, ensemble 511,125 fr.

385 juges d'instruction, de 2,880 à 9,600 francs, ensemble 1,364,880 francs.

757 juges, de 2,400 à 8,000 francs, ensemble 2,344,500 francs.

359 procureurs de la République, comme les présidents, 1,571,000 francs.

489 substituts, de 2,400 à 8,000 francs, ensemble 1,493,300 francs.

Les *tribunaux de commerce*, au nombre de 214, ne comptent que les frais de greffe et de secrétariat, en tout 175,800 francs.

On voit par là combien le budget de la justice serait peu élevé, si les cours et tribunaux étaient organisés comme les tribunaux de commerce.

Les tribunaux de police étant présidés par des juges déjà rétribués, il n'y a également à leur compter que les frais de greffe, soit 84,200 francs. Les greffiers spéciaux pour ces tribunaux sont au nombre de 112.

Nous arrivons au chapitre XI, c'est-à-dire aux *justices de paix*.

Nos 2,860 juges de paix reçoivent de 1,800 à 8,000 francs, soit en totalité 5,918,300 francs.

Chaque juge de paix de Paris reçoit, en outre, 1,500 francs par an pour frais d'un secrétaire, soit 30,000 francs.

Le service de la justice française en Algérie est confié à une cour d'appel, trois cours d'assises, neuf tribunaux de première instance, trois tribunaux de commerce, deux tribunaux de police et 43 juges de paix.

La cour d'appel coûte 276,900 francs, plus 14,850 francs, alloués comme indemnité aux conseillers délégués pour présider les assises.

Les tribunaux de première instance, 381,800 francs.

Les tribunaux de commerce, 3,600 francs.

Les tribunaux de police, 2,400 francs.

Les justices de paix, 209,600 francs.

Les *frais de justice criminelle*, inscrits au chapitre XIII, sont de trois sortes :

1° Les frais à la charge de l'État, sans recours contre les condamnés, 540,000 francs. Dans cette somme entrent 220,000 francs pour indemnité de déplacement accordée aux jurés et 200,000 francs pour frais d'exécutions, gages des exécuteurs et *secours* ;

2° Les frais avancés, sauf recours, 4,190,000 francs.

Cet article se décompose ainsi : Translation des prévenus, procédures, etc., 190,000 francs ; honoraires de médecins, experts, etc., 310,000 francs ; indemnités aux témoins, 1,600,000 francs ; droits accordés aux greffiers, 285,000 francs ; salaires des huissiers, gendarmes et autres agents de la force publique, 1,553,000 francs, transport des magistrats pour constater les crimes et entendre les témoins, 245,000 francs ; extraditions, 7,000 francs.

3° Les frais d'impression de statistique civile et criminelle, 20,000 fr.

Voilà donc l'ensemble du budget de la justice.

Il est incontestable que si l'on veut appliquer mon système d'économies, rien n'est plus facile que de retrancher de ce budget une somme d'au moins *vingt-trois millions*.

Les *dix millions* restants suffiront à faire largement les choses.

Ce n'est pas parce que les fonctions de magistrat seront gratuites que la magistrature perdra de son éclat.

Les juges des tribunaux de commerce, que l'on ne paie pas, sont-ils moins estimés et moins respectés que les juges des tribunaux de première instance, que l'on paie ?

Quant aux candidats pour remplir les fonctions de magistrats, ils ne manqueront pas plus que pour la députation, les conseils généraux et municipaux, etc.

Voici ce que moi, Jean La Vigne, je ferais :

Je commencerais par les justices de paix. J'établirais, à chaque chef-lieu de canton, trois juges et trois suppléants ; ces six magistrats seraient élus par les conseillers municipaux de toutes les communes du canton. Le vote serait individuel et se ferait au chef-lieu, sous la présidence du conseiller général.

J'établirais, au chef-lieu de chaque arrondissement, un tribunal composé d'au moins douze juges. Ces juges seraient élus par tous les conseillers municipaux des communes du ressort, et par tous les citoyens remplissant ou ayant rempli des fonctions publiques gratuites. Certaines capacités pourraient donner lieu à inscription sur la liste électorale qui serait d'ailleurs dressée chaque année par le conseil municipal du chef-lieu d'arrondissement, présidé par un conseiller général, et augmenté, pour cette opération seulement, de tous les maires et adjoints des communes du ressort.

Il y aurait dans chaque département, au chef-lieu ou dans la ville désignée par la loi, un tribunal d'appel composé d'au moins vingt juges. Ces juges seraient élus par les conseillers généraux du département et par les juges des tribunaux de première instance et de commerce.

Enfin, il y aurait à Paris une cour de cassation, dont les membres seraient nommés par l'Assemblée nationale.

Je le répète, toutes les fonctions judiciaires seraient gratuites.

Quant aux officiers de police chargés de poursuivre les crimes et les délits et de veiller à l'exécution des lois, ils cesseraient d'appartenir à la magistrature proprement dite. Ils seraient nommés par le chef de l'État et payés par les départements.

Ils ne pourraient jamais, même après avoir cessé leurs fonctions, être élus à la dignité de juges.

Non pas, mes enfants, que mon estime soit moindre pour le citoyen chargé de remplir la pénible mission de rechercher et faire punir les coupables, bien loin de là. Je trouve, au contraire, que ce citoyen, quand il a parcouru honorablement sa carrière, comme cela se voit, a bien mérité de la patrie.

Mais il me semble que cette opiniâtreté louable, cette vertu de tous les instants qui pousse le ministère public à démasquer et à faire châtier le crime, lui enlève, à la longue et malgré lui, ce fond de douce indulgence qui doit tempérer chez le juge les sévérités nécessaires.

Enfin, je ne voudrais pas que l'on pût se porter candidat à la judicature avant l'âge de quarante ans.

Et mon système ne tend pas seulement à alléger les charges de l'État,

Il serait incomplet, s'il ne devait pas alléger en même temps les charges des plaideurs.

Les procès, mes enfants, sont entourés de trop de procédure, de trop de formalités, de trop d'éloquence.

La justice est gratuite, mais la procédure ne l'est pas. Il y a eu, en 1869, un millier de ventes judiciaires, dont les frais se sont élevés, en moyenne, à 112 *fr.* 10 *centimes pour cent.*

L'éloquence est une belle chose, mais voyez où elle nous conduit :

Sur 165,361 procès à vider en 1869, il n'a pu en être jugé que 103,913. — 32,827 ont disparu par suite de désistements, mais il en est resté 28,621 à reverser sur l'année suivante.

370 tribunaux de première instance ont donc jugé, en moyenne, 280 procès chacun, soit un peu moins d'une affaire par jour.

Tandis que dans la même année, 218 tribunaux de commerce, devant lesquels on est plus sobre d'éloquence, ayant à juger 209,691 affaires, ont pu en terminer à peu près trois par jour.

Voici comment je m'y prendrais pour que les procès fussent moins chers et plus tôt terminés :

Commençant par les justices de paix, je voudrais qu'il y eût tous les jours un juge ou un suppléant pour la conciliation. Ce juge, qui ne siégerait jamais dans les affaires qu'il n'aurait pu concilier, dirait franchement son avis sur le différend, et ne se ferait pas faute de blâmer celui qui lui paraîtrait de mauvaise foi. Si, malgré cela, il n'y avait pas conciliation, il délivrerait non un permis d'assigner, mais un double bulletin d'assignation.

Le tribunal de paix serait toujours composé de trois juges. Il entendrait les explications des parties ou de leurs fondés de pouvoirs, mais il ne souffrirait pas que l'on plaidât.

En première instance, le préliminaire de conciliation serait supprimé. Le demandeur formulerait ses conclusions lui-même, par duplicata et sur papier timbré. Un des doubles porterait au pied la simple mention d'assignation délivrée par l'huissier. L'autre tiendrait lieu d'original et serait déposée directement au greffe. Il ne serait tenu compte d'aucuns frais de rédaction ni d'écritures. Le timbre, l'enregistrement de l'original et le constat de l'huissier seraient seuls passés en taxe.

Le défendeur, qui aurait sous les yeux les conclusions motivées et même développées de son adversaire, aurait un délai déterminé pour déposer sa réponse au greffe, et le jour de l'audience arrivé, les parties comparaîtraient en personne pour fournir des explications verbales, mais jamais de plaidoiries.

Au besoin le tribunal mettrait la cause en délibéré devant l'un de ses membres qui entendrait les parties dans son cabinet, et ferait son rapport par écrit. Cela se fait déjà devant les tribunaux de commerce.

Cette procédure, au surplus, n'est pas nouvelle. C'est à peu près celle que l'on suit dans diverses affaires, en matière d'enregistrement par exemple, et ces affaires ne sont pas les plus mal jugées.

Les causes ainsi instruites à tous les degrés de juridiction, obtiendraient une solution plus rapide et mieux étudiée.

Chaque partie, d'ailleurs, pourrait publier le procès après avoir fait constater l'exactitude de sa publication par le président du tribunal.

Toute copie ou tout mémoire qui ne serait pas écrit de façon à pouvoir être lu couramment serait passible d'une amende.

Les fanatiques de solennités judiciaires ne manqueront pas de critiquer mon système et de me dire que, pour être juge, il faut avoir étudié les lois, de même que pour faire un métier il faut l'avoir appris.

C'est justement là que je les attends.

Car c'est avec cette manière de raisonner que l'on frappe les esprits faibles, que l'on excite les esprits prévenus et que l'on fait rejeter les théories les plus sages et les plus sensées.

Oui, pour faire un métier, il faut l'avoir appris.

Oui, pour faire un couteau, il faut être coutelier ; mais est-il donc absolument nécessaire d'être coutelier pour savoir se servir d'un couteau ?

Est-ce que nos lois sont écrites dans une langue différente de celle que nous parlons tous les jours ?

Est-ce que nos législateurs ont cherché à y glisser des rébus ou des surprises ?

Certains textes, je le sais, manquent de clarté, mais ne croyez pas que ce soit le fait d'une science profonde ni de calculs savants de la part de ceux qui les ont rédigés.

C'est que le style les a trahis ou leur a été rebelle, voilà tout.

Est-ce que d'ailleurs, lorsqu'on nomme un député, c'est-à-dire un législateur, on s'occupe de savoir si c'est un jurisconsulte?

Assurément on en nomme beaucoup de jurisconsultes; peut-être même pourrais-je dire qu'on en nomme trop. Mais ce n'est pas à cause de leurs connaissances en droit qu'on les choisit : c'est parce que, dans les réunions qui précèdent les élections, ils parlent plus facilement et plus longtemps que les autres.

Eh bien, ces habiles parleurs ne sont pas ceux qui font les meilleures lois; oh non! Celui qui sait tout juste assez bien parler pour expliquer ce qu'il veut dire, ne pourra jamais imposer une idée fausse à une assemblée. Tandis qu'au contraire, le parleur adroit saura la présenter, cette idée, sous des dehors si flatteurs et si attrayants que tout le monde s'y laissera prendre.

Est-ce à dire, mes enfants, qu'il faille pour cela négliger l'étude des lois? Loin de moi cette pensée. Je suis au contraire tellement convaincu que nous devons tous connaître les grands principes que la civilisation a introduits dans nos lois, que je voudrais voir l'enseignement du droit professé dans toutes les écoles.

Mais entendons-nous bien : je dis le *droit* et non la *chicane*. Il suffirait pour cela de faire un petit livre, gros comme la moitié d'un catéchisme, renfermant tous les principes généraux, tous les axiomes du droit.

Celui qui dès l'enfance aurait gravé le contenu de ce petit livre dans sa mémoire, serait capable, pour peu qu'il fût intelligent, de lire et de comprendre toutes les lois.

Ce que je soutiens, c'est qu'une trop longue étude des lois, une trop longue pratique du droit, une trop longue attention, concentrée spécialement à un moment donné sur un texte, finit par y faire découvrir des choses que le législateur n'a jamais songé à y mettre.

J'aime mieux une interprétation droite et spontanée, qu'une interprétation tirée de si loin.

Et la preuve que je suis dans le vrai, c'est qu'il est dit dans le dernier compte rendu de la justice en France, que les cours d'appel ont confirmé 76 pour 100 des jugements rendus par les tribunaux de commerce, tandis qu'elles n'ont confirmé que 69 pour 100 des jugements rendus par les tribunaux de première instance.

Et le ministre qui écrit cela ajoute : « Ces divers chiffres proportionnels se reproduisent d'une manière pour ainsi dire identique tous les ans. »

Ainsi, le juge de commerce qui n'a que son instruction et son bon sens, se trompe moins souvent que le juge de profession qui a non-seulement, lui aussi, son instruction et son bon sens, mais qui possède, en plus, toutes les connaissances spéciales en législation et en jurisprudence.

C'est que le juge de commerce vit dans le même milieu, dans le même monde que celui qui a fait la loi. C'est qu'il est placé au même point de vue.

La vie austère de nos magistrats, loin du monde et des affaires, est assurément très digne à tous égards, mais ce n'est pas la vie ordinaire.

N'ayant pas les mêmes contacts que le commun des mortels, les magistrats ne peuvent apprécier les choses comme tout le monde.

En matière civile, ils pèchent par excès de science.

En matière criminelle et correctionnelle, ils pécheraient, si c'était possible, par excès de vertu.

Vues à travers leur mérite irréprochable, nos fautes prennent des proportions énormes.

Nous devons, mes enfants, respecter les lois et nous y soumettre. Mais nous avons le droit et le devoir d'en demander sans cesse le perfectionnement.

Je voudrais, moi, qu'il y fût moins question de prison.

Je voudrais surtout qu'il fût fait moins d'arrestations préventives.

Les statistiques de 1868 et 1869 nous donnent une moyenne de *soixante-dix mille* arrestations préventives par an, ce qui représente *un million et demi* d'individus emprisonnés avant jugement, pendant les vingt années de l'empire.

Sur ces 70,000 arrestations, il y en avait environ *sept mille* qui n'auraient pas dû être opérées, puisque ceux qui en avaient été l'objet ont été remis en liberté sur des ordonnances de non-lieu.

Voilà donc déjà, dans une seule année, *sept mille familles* atteintes d'une flétrissure imméritée.

On pourrait ajouter à ce nombre celui de 13,132 individus, acquittés purement et simplement par jugements.

Et celui de 55,342 individus condamnés seulement à une amende.

Je ne dis pas que tous ces derniers aient été soumis à la prison préventive, mais ils sont inscrits au casier judiciaire, et l'inscription au casier judiciaire est la ficelle qui, même lorsque votre innocence est proclamée, reste nouée à votre pied jusqu'à la fin de vos jours.

Oui, encore une fois, mes enfants, il y a dans notre pauvre France trop de police correctionnelle et trop de prison préventive.

Il faut demander très respectueusement à nos législateurs de réformer cela.

Ce luxe d'emprisonnement coûte trop cher au budget et à la moralité publique.

Je ne voudrais pas que la liberté individuelle d'un citoyen fût violée, tant que ce citoyen ne menacerait ni la vie ni la sûreté d'autrui.

Je comprendrais qu'on s'assurât de la personne d'un voleur ou d'un escroc, jusqu'à ce qu'il eût restitué les objets volés ou fourni caution pour en répondre.

Je comprendrais encore qu'un individu pris en flagrant délit fût conduit jusqu'au poste ou à la prison pour s'expliquer.

Mais je ne voudrais pas que l'écrou de la prison fût rivé, même momentanément, sur la liberté d'un citoyen, sans l'autorisation du tribunal de première instance.

Voyez à côté de nous l'Anglais, et dites-moi si ce que vous appelez sa morgue, n'est pas plutôt le légitime orgueil de l'homme libre qui a le droit de porter haut la tête et de faire respecter sa liberté.

Comme nous, il est tenu de se conformer à la loi de son pays, mais tant qu'il n'a pas commis de crime, il a le droit de braver la prison, même sur la terre étrangère.

Avec sa loi d'*habeas corpus* il sait que son corps est à lui seul et que, si l'on y touche, il a toute autorité pour se le faire rendre.

Il se livre aux voyages les plus hardis, aux pérégrinations les plus aventureuses. Mais est-il arrêté quelque part? Si lointain que soit le pays, toutes les flottes de l'Angleterre volent à son secours, et exigent qu'il soit restitué sain et sauf à son pays.

La liberté de sa personne, et sa personne même, font partie de la fortune de l'Angleterre.

Oh ! qu'il a raison de hausser les épaules, quand nous rions de ses excentricités !

On m'objectera peut-être que l'arrestation préventive étant supprimée en principe et la liberté laissée au coupable, celui-ci en profitera pour se soustraire aux conséquences d'une condamnation.

Tant mieux si cela arrive ! J'aime mieux le criminel qui se fait sauter la cervelle lui-même, que celui qui, après nous avoir coûté des frais de justice et de prison, va porter sa tête sur l'échafaud.

Si le coupable prend la fuite, il aura, sans pouvoir en accuser personne, substitué cinq, dix ou quinze ans de bannissement à quelques mois ou à quelques années de prison.

Car, par sa fuite, il aura triplé ou quintuplé la durée de la prescription criminelle. La loi sera conçue en ce sens.

Si mon système était appliqué, vous verriez les prisons se vider et la morale refleurir.

Quant aux vagabonds et aux voleurs de profession, au lieu d'en faire les riches collections que vous savez, je m'en débarrasserais bien vite.

Je distinguerais entre les étrangers et les Français.

Étrangers, je les expédierais une première fois jusqu'à la frontière, et s'ils rentraient jamais en France pour recommencer, je les enverrais cette fois promener leurs loisirs dans la Nouvelle-Calédonie.

Français, je voudrais en ramener la plus grande partie à l'honnêteté.

J'établirais dans ces grands domaines qui faisaient partie naguère de la dotation de la couronne, des ateliers de toutes sortes, où s'exécuteraient les travaux de l'État. Toutes les professions y seraient représentées. C'est là que j'enverrais tous les condamnés correctionnellement, pour y apprendre un état quelconque, et je ne les rendrais à la société que le jour où ils auraient la volonté et la capacité nécessaires pour gagner honnêtement leur vie.

Je ne ferais d'exception que pour les insubordonnés et les incorrigibles. Ceux-là, je les enverrais subir leur détention dans une colonie éloignée.

On avait tellement perdu le sentiment de la liberté individuelle sous l'Empire, qu'aux yeux de certaines gens la justice civile avait cessé d'exister.

Y avait-il retard dans la livraison d'une marchandise ou perte en route d'un journal destiné à un abonné, vite une plainte au parquet ou au commissaire de police. Et les magistrats daignaient s'en occuper. Et l'on disait ensuite que le personnel des parquets était insuffisant.

Dans la seule année 1869, *vingt-six mille* citoyens étaient appelés à comparaître devant ce qu'on appelle à Paris le *petit parquet*. Une plainte, une dénonciation quelconque, suffisait pour vous valoir cet agrément.

Sur ces *vingt-six mille* citoyens ainsi dérangés de leurs affaires, plus de *quatorze mille* avaient été dérangés pour rien et avaient eu la faculté de se retirer après avoir fait trois ou quatre heures d'antichambre, en compagnie de repris de justice et de voleurs.

Et leur nom restait inscrit au casier judiciaire.

Si encore il était secret, le casier judiciaire !

Mais il paraît que non ; qu'au contraire, tout le monde peut le consulter ou le connaître, puisque les employés de certaines administrations sont obligés d'en fournir un extrait négatif pour être admis.

Le jour où toutes les administrations seront entrées dans cette voie, celui qui aura subi une condamnation sera nécessairement repoussé de partout. La vie honnête lui sera interdite. Il ne lui restera plus à faire que le métier de voleur.

Vous avez tous lu comme moi, mes enfants, dans le *Petit Journal*, la lettre poignante de ce condamné honnête, à propos de la *réhabilitation*.

Et vous vous êtes demandé pourquoi il faut encore une réhabilitation à celui qui a subi sa peine,

Surtout quand cette peine n'est ni afflictive ni infamante,

Surtout quand il existe un article 42 du Code pénal qui permet aux tribunaux correctionnels d'enlever ou de laisser au condamné, après sa punition, l'exercice de tout ou partie de ses droits civils et politiques.

Pourquoi? Parce que nous sommes trop enclins en France à faire revivre le châtiment ; parce que nous nous familiarisons trop avec l'idée de la prison; parce que nous n'avons pas assez le sentiment de la liberté, de la dignité individuelle; parce que la loi civile, telle que la loi électorale par exemple, promulguée vingt ans après l'expiation de votre faute, vient inaugurer à chaque instant pour vous une série d'incapacités rétrospectives.

Je vous le répète en terminant, mes enfants :

Magistrature gratuite,

Liberté individuelle inviolable.

Et j'ajoute : réhabilitation par l'expiation.

Encore un mot, cependant.

Je vous ai trop parlé de l'emprisonnement pour ne pas vous donner quelques renseignements sur les prisons.

C'est un de nos députés qui va me venir en aide.

BAGNE ET COLONIES PÉNALES. — Il y avait, au 31 décembre 1869 :

A Toulon, 1,436 condamnés, vivant dans une promiscuité honteuse. Cette situation n'a pas changé.

A Cayenne, 3,728 déportés, jetés sur une *rive insalubre*, pour obéir aux nécessités d'une *politique coupable*, sans qu'*aucun préparatif sérieux* n'eût été fait pour les recevoir.

A la Nouvelle-Calédonie, 2,047 déportés, pouvant espérer de vivre sous un ciel assez clément pour tenter une émigration européenne volontaire.

MAISONS CENTRALES ET PÉNITENCIERS AGRICOLES — Il y a en France 22 maisons centrales, dont 8 affectées aux femmes, et 3 pénitenciers agricoles.

Au 31 décembre 1869, ces différents établissements renfermaient 18,973 détenus.

Dans le plus grand nombre de ces maisons, les détenus, même les jeunes adultes de seize à vingt ans, couchaient dans des dortoirs communs, au *grand détriment de la moralité générale*.

Le résultat d'un tel régime se traduit par les chiffres suivants : sur *cent* libérés, *quarante* sont repris pour récidive, dans les trois premières années de la libération.

Établissements d'éducation correctionnelle. — Ils sont au nombre de 59. *Cinq* sont entrenus par l'État, *cinquante-quatre* par la charité privée. Ils renferment 8,183 jeunes détenus.

De *tristes abus* firent fermer l'établissement de la Roquette.

Dans quelques-uns de ces nombreux établissements, *l'esprit de spéculation remplace parfois l'esprit de charité.*

Beaucoup de ces détenus, — on en estime le nombre à 1,296, — restent enfermés dans les prisons départementales où ils vivent en commun avec des condamnés adultes. *En cela la loi est violée*, *et les intérêts les plus graves de la morale sont compromis.*

Dépôts et chambres de sureté, — Maisons d'arrêt, de justice et de correction. — « Les dépôts et chambres de sûreté sont destinés « à recevoir les prévenus au moment de leur arrestation, et en atten- « dant leur transfèrement dans une maison d'arrêt. Ces dépôts sont au « nombre de 2,218. Une population de 107,086 individus y a été en- « fermée pendant le cours de l'année 1868. » Cette population passe dans une *promiscuité déplorable*, le temps, souvent trop long, de son séjour. Il n'est pas sans exemple qu'un homme enfermé dans un de ces dépôts sous le coup d'une accusation *peu grave*, en soit sorti coupable d'un *attentat contre les mœurs*.....

Mais je m'arrête, mes enfants, dans cette triste énumération. La demande d'enquête où je l'ai lue a été présentée par M. d'Haussonville, membre de l'Assemblée nationale, et a été déposée dans la séance du 11 décembre 1871.

Donc, et dernière conclusion :

La prison étant, en règle générale, l'école du mal, je demande, comme complément de ce que je viens de dire, qu'on évite le plus possible de lui envoyer des écoliers.

III

MINISTÈRE DE LA GUERRE

Voici, mes enfants, le plus gros de tous les budgets.

Il est de *quatre cent cinquante millions cinquante mille francs*, presque un *demi-milliard*.

Voulez-vous, sans diminuer le nombre et le bien-être de nos soldats, sans retrancher quoi que ce soit de notre armement et de notre matériel de guerre, faire sur cette somme une économie de *cent millions ?*

Confiez tout simplement ce ministère et son administration à l'élément civil, et n'employez l'élément militaire qu'à faire la guerre.

Ne vous en tenez pas là. Faites à chaque instant inspecter et vérifier, jusque dans leurs moindres détails, les adjudications, les marchés, les fournitures de toute sorte, par des commissions élues, auxquelles s'adjoindront de droit les membres de l'Assemblée nationale et des conseils généraux. Et vous verrez!

Mettre un homme du métier à la tête d'un ministère quelconque a paru jusqu'ici le comble de la logique.

Ce n'est qu'un déplorable contre-sens.

C'est le mandataire se contrôlant lui-même et se donnant à lui-même décharge de sa gestion

C'est le membre de la famille, père, frère ou fils, chargé de distribuer à sa famille le luxe et le superflu.

Osera-t-il jamais supprimer ce superflu et ce luxe ?

Que lui dirait-on, comment le recevrait-on quand il rentrerait parmi les siens, s'il se rendait jamais coupable d'une trahison pareille?

L'administration et le contrôle doivent être confiés à ceux qui paient et non à ceux qui se partagent les profits.

Comme vous, mes enfants, j'admire notre armée, malgré nos malheurs et nos revers ; comme vous, je reconnais le mérite et la bravoure de nos officiers de tous grades ;

Mais c'est précisément parce que je leur reconnais toutes ces qualités que je leur dénie celles d'administrateurs.

Comment, d'ailleurs, avec cette hiérarchie et cette discipline nécessaires dans l'état militaire, un sous-officier oserait-il passer par-dessus son capitaine pour aller dire à son colonel que son lieutenant fait des erreurs ou ne sait pas calculer?

Est-ce qu'à la veille de notre dernière guerre, au moment où un ministre déclarait à la tribune que nous étions armés et outillés pour combattre, il s'est élevé du fond de nos arsenaux ou de nos magasins militaires, une seule voix pour crier : *Ce n'est pas vrai!*

Dira-t-on, par hasard, que tout le monde l'ignorait?

Oui, c'est au militaire à dire comment il doit être armé et à quel point il doit être armé; mais, je le répète, c'est à l'administration civile seule à pourvoir à son armement.

Certes, et vous allez le voir bientôt, le ministère de la guerre compte assez d'employés pour inscrire sur le papier le nombre de nos canons, de nos fusils et de nos cartouches.

Mais où sont-ils ceux qui vont vérifier ces chiffres dans nos arsenaux ?

Où sont-ils ceux qui les avaient vérifiés avant qu'on ne déclarât la guerre à la Prusse?

Le budget de la guerre se divise en dix-huit chapitres :

1. Traitement du ministre et personnel de l'administration centrale. . . . . 1.887.350 fr.

2. Matériel de l'administration centrale. 646.000

3. Dépôt général de la guerre. 144.500

4.	États-majors	22.934.989
5.	Gendarmerie	35.908.290
6.	Solde et prestation en nature	343.297.314
7.	Lits militaires	5.091.323
8.	Transports généraux	1.722.850
9.	Recrutement et réserve	378.400
10.	Justice militaire	1.336.044
11.	Remonte générale et harnachement	9.703.997
12.	Établissements et matériel de l'artillerie	6.039.765
13.	Établissements et matériel du génie	9.314.790
14.	Écoles militaires	5.470.816
15.	Invalides de la guerre	1.055.612
16.	Solde et non-activité, solde et traitement de réforme	1.283.000
17.	Secours	3.735.000
18.	Dépenses secrètes	100.000
	Total	450.050.000 fr.

En calculant, selon les prévisions du budget, sur un effectif de 450,000 hommes, cette dépense représente *mille francs* par homme, armement compris.

Mais ce n'est pas ainsi qu'il faut compter.

Je vous ai dit, mes enfants, que l'on pouvait économiser *cent millions* sur ce budget, sans rien retrancher de nos forces militaires ni du bien-être de nos soldats. Si vous voulez me prêter un peu d'attention, vous allez voir vous-mêmes que rien n'est plus facile.

Reprenons un par un les divers chapitres que je viens d'énumérer.

CHAPITRE PREMIER.

Traitement du ministre et personnel de l'administration.

Le traitement du ministre est toujours de 60,000 francs, mais celui des bureaux s'élève à *un million huit cent vingt-sept mille trois cent cinquante francs.*

Les bureaux occupent 435 personnes, sans compter 108 serviteurs. — Sur ces 435 personnes, il y a 337 commis, les autres sont des chefs ou sous-chefs d'emplois.

Les traitements sont ainsi répartis :

3 directeurs généraux à 25,000 francs chacun ;

1 chef d'état-major du ministre à 20,000 francs ;

5 chefs de service à 12,000 francs chacun ;

18 chefs de bureau, dont 5 colonels, à 10,140 francs chacun, et 13 chefs, non colonels, de 7,000 à 9,000 francs, total : 156,700 francs.

38 sous-chefs de bureaux, dont 36 de 5 à 6,000 francs chacun, et 2 sous-chefs militaires à 6,389 les deux, total : 203,389 francs.

1 historiographe à 10,000 francs, un agent comptable à 6,500 francs, et un conservateur du mobilier à 5,000 francs, total : 21,500 francs.

25 chefs de section à 4,200 francs, ensemble, 105,000 francs.

2 traducteurs, l'un à 3,600, l'autre à 4,000 francs, ensemble : 7,600 francs.

337 commis principaux et ordinaires, etc., de 1,800 à 4,000 francs, total : 945,700 francs. Ces commis, sur qui repose la besogne, commencent, comme vous le voyez, à 1,800 francs et passent leur vie à monter en grades et en appointements. Quand ils arrivent aux fabuleux 4,000 francs, ils touchent déjà à la fin de la carrière.

2 élèves dessinateurs ou graveurs à 600 francs et 1 inspecteur des travaux de bâtiment à 1,500 francs.

Tel est l'ensemble des traitements et des employés.

Et comme ces 435 chefs ou commis ne suffisent pas à la besogne, il faut encore compter, pour travaux extraordinaires et employés auxiliaires, une modeste somme de 87,411 francs. — Peut-être oublie-t-on les centimes.

Les 108 serviteurs ne coûtent que 142,350 francs. Il est vrai que plusieurs d'entre eux sont logés, chauffés et éclairés dans la maison, et que les autres reçoivent des indemnités.

N'est-ce pas, mes enfants, qu'il y aurait de belles économies à faire sur ce chapitre ?

CHAPITRE II.

Matériel de l'administration centrale.

Dans les 646,000 francs portés à ce chapitre, on trouve : 25,500 francs pour fournitures de bureau, 18,500 francs pour l'habillement des serviteurs, 61,000 francs pour frais de chauffage, 24,500 francs pour frais d'éclairage (il est probable que les chefs travaillent la nuit); 41,000 fr. pour l'entretien du mobilier (quel mobilier ? Pourquoi ne pas vendre tout ce qui n'est pas meuble de bureau?); 39,000 francs pour dépenses diverses; 370,000 pour frais d'impressions, et 60,100 francs pour entretien des bâtiments et hôtels.

Ici, comme je l'ai dit pour le ministère de la justice, je voudrais qu'il n'y eût de local et de mobilier que pour les bureaux, et que tout le reste fût vendu. Le produit des ventes et l'économie sur les frais d'entretien serviraient à autre chose.

A propos des fournitures générales inscrites à ce chapitre, on trouve, en regard, la note suivante : « Les fournitures générales de l'adminis« tration centrale sont, autant que leur nature le comporte, l'objet « d'adjudications publiques, au rabais et sur soumissions cachetées, *ou « de marchés passés de gré à gré.* »

Je ne doute de personne, mais je n'aime pas les marchés de gré à gré quand il s'agit de plusieurs millions à la fois, payables avec les deniers de l'État; nul ne trompe assurément, mais il serait si facile d'obtenir une remise de la main à la main! Et puis, est-ce qu'il serait défendu à celui qui a passé un marché honnêtement, de recevoir des étrennes?

CHAPITRE III.

Dépôt général de la guerre.

Je serais bien fâché de retrancher quoi que ce soit des 144,500 francs inscrits à ce chapitre; j'y ajouterais plutôt. Je voudrais seulement que ces dépenses fussent plus productives. Puisque le ministère de la guerre fait tant de cartes, pourquoi n'en met-il pas plus entre les mains de nos soldats?

CHAPITRE IV.

États-majors.

Nous arrivons, mes enfants, aux états-majors, et à l'état-major des gros traitements. Le chiffre, nous l'avons vu, s'élève à 22,934,989 fr., disons *vingt-trois millions*.

Cette dépense se répartit ainsi :

1° Traitement des maréchaux de France, officiers généraux, etc.	9.777.825 fr.
2° Traitement de l'intendance militaire	4.083.995
3° — de l'état-major des places	1.550.230
4° — de l'état-major particulier de l'artillerie	3.914.317
5° — de l'état-major particulier du génie	3.608.621
Somme égale	22.934.989 fr.

Le traitement d'un maréchal de France est de 30,000 francs, mais il faut y ajouter, s'il a un emploi actif, des frais de représentation et des frais de bureau; ainsi, le commandant en chef de l'armée de Versailles reçoit 70,000 francs.

Les généraux de division, au nombre de 80, ont un traitement fixe de 18,000 francs; mais, comme les maréchaux, ils ont des frais de représentation et des frais de bureaux. Si nous déduisons des 80, les trois qui dirigent les bureaux de la guerre, nous trouvons 77 généraux de division, recevant ensemble 1,977,800 francs, c'est-à-dire en moyenne 25,685 francs chacun.

Le général de brigade reçoit 12,000 francs de fixe, mais ce traitement s'élève, avec les accessoires, à 15,000 francs, et varie de 15,000 à 26,000 francs.

Nos 160 généraux de brigade sont inscrits au budget pour 2,651,700 francs.

Je ne continuerai pas cette énumération, mes enfants, elle nous entraînerait trop loin. Il suffit, d'ailleurs, de jeter les yeux sur le tableau qui précède, pour voir combien il serait facile de réaliser des économies sur ces 23 millions ou à peu près, du chapitre IV.

Remarquez bien, mes enfants, que, eu égard au mérite, au courage et au talent militaire de nos maréchaux, généraux et officiers supérieurs, je ne trouve pas la récompense trop élevée.

Je voudrais même la leur faire plus belle encore, si cela dépendait de moi, mais je retrancherais sur l'argent qui n'est pas leur but, et je forcerais sur les honneurs dont ils sont tout particulièrement dignes.

Cela offrirait un double avantage : d'abord, une diminution de dépenses, ensuite une chose salutaire au bien de l'État.

Le militaire n'est pas fait pour le luxe et la fortune. Dix ans de paix passés dans cette vie d'abondance, ramollisent les corps les mieux trempés, les intelligences les plus richement organisées.

La vie sobre, la chasse, les exercices, l'étude comme repos, conserveraient mieux la souplesse du corps et de l'esprit que cette existence dorée.

Et puis, je voudrais voir les vieux généraux quitter la vie active, pour entrer dans les conseils de l'État. L'avancement des jeunes serait plus rapide, et une plus grande émulation mettrait en relief les capacités qui s'étiolent ou s'abâtardissent dans l'oisiveté des garnisons.

J'ai toujours éprouvé un sentiment de peine, en voyant ces vieux généraux que j'admirais, gémir et suer à cheval, sous leur obésité et leurs lourds habits chargés de broderies.

Je me disais qu'il leur fallait une rude énergie pour pouvoir, avec cet embonpoint, affronter les fatigues du champ de bataille.

Je me résume en deux mots : plus le corps a déployé de souplesse et d'activité, et plus il a résisté aux travaux et aux intempéries, plus vite il s'alourdit et se rouille dans l'inaction et la bonne chère.

C'est à quoi nos législateurs et notre gouvernement feraient bien de songer.

CHAPITRE V.

Gendarmerie.

Ce chapitre, mes enfants, est l'un des chapitres les plus intéressants du budget.

Le gendarme joue un rôle trop important et trop utile dans la société, pour n'avoir pas eu, de tout temps, ses détracteurs et ses ennemis. — Qu'il ait servi parfois d'instrument redoutable à de mauvais gouvernements, cela n'a rien d'étonnant et c'était inévitable, puisque la troupe de ligne elle-même n'a pas été à l'abri de ces tristes et rudes corvées; mais jamais, il faut lui rendre cette justice, il n'est sorti, sans une révolte intérieure, de ses attributions.

Que les assassins, les voleurs, les maraudeurs et les braconniers le détestent et l'injurient, rien de plus naturel et de plus logique. Mais que nous autres, honnêtes cultivateurs, dont il garde et protége les personnes et les biens, fassions écho à ces déclamations intéressées et coupables, ce serait de la démence ou de l'iniquité.

« La gendarmerie est instituée pour veiller à la sûreté publique et « pour assurer le maintien de l'ordre et l'exécution des lois. »

Tant qu'il y aura des malfaiteurs, il nous faudra des gendarmes. — Le gendarme, d'ailleurs, n'est pas le premier venu. C'est un citoyen qui, comme militaire, a déjà mis sa vie au service de son pays. C'est un homme qui a fait ses preuves et qui a appris à braver la mort sans hésiter et sans faiblir. Le voyez-vous marchant sur un braconnier qui le tient au bout de sa carabine? Recule-t-il? Jamais. Il a une femme et des enfants cependant ! A ce moment il les oublie, car ce n'est plus un homme, c'est la loi !

Et d'où vient-il, ce héros des temps antiques? De quelle race forte et privilégiée est-il donc sorti?

Regardez autour de vous, mes enfants, et vous y trouverez sa noble famille. Ce vieux laboureur courbé, qui traîne la besace, c'est son père; ce vigoureux forgeron, son cousin; cette grosse fille de ferme, sa sœur.

Le gendarme sort du peuple et toujours du peuple. L'aristocratie aussi a son courage qu'il ne faut pas méconnaître, mais ce n'est pas ce courage-là.

Quant à moi, mes enfants, lorsque j'apperçois sur la route ou à l'autre bout de mon champ, ce grand chapeau à cornes et ce large baudrier, je respire à l'aise et je compte sur ma récolte. Elle et moi sommes en sûreté.

Le budget de la gendarmerie s'élève, pour la France et les colonies, à près de 36 millions, et ce n'est pas l'argent le plus mal employé.

Que gagne, malgré cela, un gendarme pour couvrir à chaque instant notre vie de la sienne? Je vais vous le dire :

S'il est à pied, il reçoit pour solde, masse générale, services extraordinaires, 960 francs par an,

Et s'il est à cheval, 1,763 francs.

Moyennant cela, il doit pourvoir à tous ses besoins, et s'il est monté, acheter, nourrir et remplacer son cheval.

Un garçon de bureau du ministère de la guerre gagne à peu près le double de ce que gagne un gendarme, et il est habillé.

CHAPITRE VI.

Solde et prestation en nature.

La solde représente le traitement en argent et la prestation en nature, les fournitures indispensables, telles que l'habillement, les vivres, le chauffage, l'hôpital, le lit et l'entretien des armes.

Nous avons vu les états-majors et ce qu'ils coûtent au budget. Voici maintenant les hommes que nous rencontrons dans les garnisons et qui constituent la force véritable du pays.

La solde d'un colonel d'infanterie est de 6,600 francs, mais il s'y ajoute des indemnités de logement, des frais de bureau et de représentation. La solde et le logement s'élèvent à Paris à 9,240 francs, hors Paris à 7,560 francs. Les frais de bureau sont de 300 francs et ceux de représentation de 1,800 francs.

Les autres grades n'ont que la solde et le logement.

Lieutenant-colonel......	à Paris,	7,210 fr.,	hors Paris,	5,290 fr.
Chef de bataillon et major,	—	6,120	—	4,920
Capitaine : 1re classe....	—	4,160	—	3,260
— 2e classe....	—	3,860	—	2,960
Lieutenant : 1re classe ...	—	3,070	—	2,290
— 2e classe ...	—	2,970	—	2,190
Sous-lieutenant.........	—	2,810	—	2,090
Médecin major, 1re classe.	—	6,720	—	5,820
— 2e classe.	—	4,460	—	3,560
Aide-major de 1re classe..	—	3,330	—	2,610

Ces traitements, vous le voyez, mes enfants, sont bien loin de ceux des états-majors. Ils suffisent cependant. Que serait-ce donc s'il y avait de l'avancement, si les officiers supérieurs trop âgés, passant dans les conseils de l'État, laissaient la vie active aux jeunes et aux forts?

Quant au simple soldat, ses revenus sont tout à fait modestes.

Il lui est alloué 359 francs 05 centimes *par an*, employés comme suit :

Sa solde et ses dépenses au compte de la solde........	199 fr. 61
Sa prestation en nature..........................	159 44
Somme égale.............	359 fr. 05

Le détail de la prestation en nature mérite d'être établi : Habillement, 43 fr. 32; vivres, 78 francs 84; chauffage, 5 francs 36; hôpital, 19 francs 70; lits militaires, 10 francs 62; entretien des armes, 1 franc 60. Total : 159 francs 44 centimes.

Je ne chicanerai point sur l'habillement : il faut que le militaire soit vêtu; mais il me semble que lorsqu'un vêtement doit durer trois ans et six mois, comme une tunique, ou quatre ans, comme une capote, et alors qu'on fait de si grands approvisionnements à la fois, on devrait réaliser quelques économies sur ce chiffre, qui n'est minime qu'en apparence.

Il me semble également que 19 francs 70 d'hôpital par homme constituent une trop grosse dépense; j'aimerais mieux voir reporter une partie de cette somme sur l'alimentation.

Quant aux 10 fr. 62 de lits militaires, je ne les regrette pas si le militaire est couché en conséquence ; mais je crois bien que, là aussi, il y aurait beaucoup à réformer.

La cavalerie, l'artillerie et le génie dépensent nécessairement plus que l'infanterie, mais la solde diffère peu; c'est la prestation en nature qui écrase le budget de la guerre.

C'est en cela que l'intervention de l'administration civile pourrait nous rendre des services importants.

Quoi qu'il en soit, voici la récapitutation du chapitre VI, le plus important du budget de la guerre :

Ire	partie.	Solde et abonnements payables comme la solde	188.597.189 fr.
IIe	—	Vivres, chauffage et fourrages	104.894.536
IIIe	—	Hôpitaux militaires	18.543.015
IVe	—	Service de marche	7.385.600
Ve	—	Habillement et campement	23.876.974
			343.597.314 fr.

CHAPITRE VII.

Lits militaires.

Ce chapitre comprend : 1° les dépenses de location et de conservation ; 2° les dépenses de corps de garde ; 3° les loyers chez l'habitant et l'ameublement des hôtels des officiers généraux ; 4° le couchage de la garde républicaine. Le tout est inscrit, au budget de 1872, pour 5 millions 91,323 francs.

Le service des lits militaires a été l'objet d'un marché passé pour *vingt ans*, le 2 octobre 1865.

Il est payé à l'entrepreneur deux prix distincts : l'un, appelé *loyer d'entretien*, qui s'applique à tout le mobilier de literie sans exception ; l'autre, appelé *loyer d'occupation*, applicable seulement au mobilier occupé, mais en prenant pour base le plus grand nombre employé à la fois dans le courant de chaque mois.

Le loyer d'entretien et d'occupation est de 68 fr. 52 par an pour chaque officier, et de 57 francs 19 centimes pour chaque homme de troupe.

Ces prix sont encore plus élevés pour l'Algérie.

En ce qui concerne les objets appartenant à l'État, l'entrepreneur les conserve et les entretient, moyennant un prix d'abonnement de 25 centimes par couchette (en fer) d'officier, 19 centimes et une fraction par couchette (en fer) de soldat, 15 centimes moins une fraction par châlit à tréteaux en fer, et 11 centimes et une fraction par châlit à tréteaux en bois.

Vous trouverez peut-être, mes enfants, que je m'arrête un peu trop sur les centimes, mais vous comprendrez que je n'ai pas tout à fait tort quand je vous dirai que toutes les sommes que je viens d'énumérer forment un total de *quatre millions quatre cent quatre-vingt-quatre mille cinq cent quarante-un francs.*

Et j'insiste précisément sur les dépenses minimes en apparence, pour mieux vous démontrer que l'on peut économiser, comme je vous l'ai dit, *cent millions* sur le budget de la guerre, si l'on veut traiter les grosses dépenses, comme l'évidence démontre que l'on pourrait traiter les petites.

Je veux passer sur le surplus de ce chapitre, quoiqu'il y ait peut-être à redire sur les loyers chez l'habitant, quand l'État possède tant de bâtiments militaires, et sur l'ameublement des hôtels des officiers généraux, dont les traitements sont assez élevés pour payer cette dépense.

CHAPITRE VIII.

Transports généraux.

Les 1,722,850 francs de ce chapitre sont dépensés conformément à divers traités ou marchés, dont le mode pourrait être amélioré.

Je ne répéterai pas ce que j'ai dit à cet égard.

CHAPITRE IX

Recrutement et réserve.

La nouvelle loi militaire apportera nécessairement d'importantes modifications dans les dépenses de ce chapitre.

CHAPITRE X.

Justice militaire.

Espérons, mes enfants, que la justice militaire aura désormais des loisirs, et que sur les 1,336,004 francs inscrits à ce chapitre, *un million* au moins pourra être économisé.

CHAPITRE XI.

Remonte générale et harnachement.

Les économies à faire sur ce chapitre sont considérables. Nous ne serons pas toujours, il faut l'espérer, au sortir d'une guerre désastreuse ; nous n'aurons pas tous les ans douze mille chevaux à acheter et un harnachement détruit ou détérioré à refaire.

Toutefois, même dans l'état des choses, il ne serait pas difficile de découvrir des dépenses exagérées ou inutiles.

CHAPITRE XII.

Établissement et matériel de l'artillerie et des équipages militaires.

Les causes que je viens d'indiquer sous le chapitre XI sont les mêmes pour le chapitre XII. Quand notre matériel de guerre sera renouvelé, réparé et transformé, il nous restera peu de dépenses à effectuer chaque année.

Dès à présent, il faudrait trouver le moyen d'avoir des armes autrement que sur le papier. J'ai confiance dans le personnel actuel, mais la confiance n'exclut ni la surveillance ni les investigations. Nous avons été trompés, il ne faudrait plus l'être.

Nos frais de production, de confection et d'administration sont trop élevés. Le contrôle de l'artillerie est honnêtement fait, je n'en doute pas, mais il est fait par des officiers de l'arme, ce qui veut dire que l'artillerie se contrôle elle-même. Et puis, contrôler ne suffit pas. Il faudrait encore signaler les dépenses improductives, les frais susceptibles de réduction, les remises trop élevées, les prix d'achat trop onéreux.

CHAPITRE XIII.

Etablissements et matériel du génie.

Les dépenses de ce chapitre, évaluées à 9,314,790 francs, n'auront pour la plupart qu'une durée très limitée. L'entretien et la réparation des fortifications et des bâtiments militaires y figurent à eux seuls pour 5,650,000 francs.

Ce service, ainsi qu'une note nous l'explique, est divisé en directions territoriales et en établissements spéciaux. Les directions sont au nombre de 23. Les établissements spéciaux se composent actuellement des seules Écoles régimentaires, placées à Arras, Versailles et Montpellier, ayant pour objet l'instruction spéciale des troupes.

Dans les places, les travaux sont effectués *presque* exclusivement au moyen de marchés passés par adjudication publique.

Dans les établissements, l'exécution est faite à l'économie, *sous la direction et le contrôle* des officiers de l'arme du génie.

Toujours le mandataire se rendant compte à lui-même et se donnant décharge. Si honnêtement que cela se passe, ce mode de contrôle est vicieux.

Sous ce chapitre figurent les dépenses de location et d'entretien des hôtels affectés aux généraux divisionnaires et aux généraux de brigade.

Ces dépenses sont :

Pour les premiers, de..................	94.710 fr.
Pour les seconds, de..................	164.407
Total, à supprimer...........	256.117

CHAPITRE XIV.

Ecoles militaires.

Les Écoles militaires figurent à ce chapitre pour les sommes ci-après.

1° École polytechnique......................... 719.823 fr.

2° École spéciale militaire....................	2.498.000
3° Prytanée militaire.......................	543.323
4° École de cavalerie.......................	214.000
5° École d'application d'état-major............	100.000
6° École d'application de l'artillerie et du génie..	95.500
7° Gymnases militaires et École normale de tir..	36.270
8° Écoles régimentaires de l'infanterie et de la cavalerie..........................	203.600
9° Écoles régimentaires de la gendarmerie et de la garde de Paris.....................	7.000
10° Écoles de médecine militaire...............	744.300
11° Écoles régimentaires d'escrime.............	305.000
Total....................	5.470.816 fr.

L'Ecole polytechnique, dit le décret du 1er novembre 1852, est spécialement destinée à former des élèves pour l'artillerie de terre, l'artillerie de mer, le génie militaire, le génie maritime, la marine nationale, le corps des ingénieurs hydrographes, les ponts et chaussées et les mines, le corps d'état-major, les poudres et salpêtres, les lignes télégraphiques, l'administration des tabacs, enfin pour tous les autres services publics qui exigent des connaissances étendues dans les sciences mathématiques, physiques et chimiques.

Si l'École polytechnique fait tout cela, 719,823 francs ne sont qu'une bagatelle. On aurait bien tort d'y regarder.

L'École spéciale militaire, ou École de Saint-Cyr, a pour objet d'instruire, dans les différentes branches de l'art de la guerre, et de mettre en état d'entrer, comme officiers, dans les rangs de l'armée, les jeunes gens qui se destinent à la carrière militaire.

Cette École n'admet que 700 élèves, et ces élèves doivent payer pension. Seulement, il y a des bourses et des demi-bourses pour ceux dont l'insuffisance de fortune est constatée par les conseils municipaux de leurs communes respectives.

Comment se fait-il alors que l'École de Saint-Cyr nous revienne à près de *deux millions et demi* par an?

Le Prytanée militaire ou collége militaire de La Flèche, n'est en réalité qu'un collége ordinaire où, à part quelques exercices militaires, on n'enseigne que les choses comprises dans le programme de l'Université.

Les élèves y sont admis de 11 à 14 ans. L'âge peut être devancé. On n'accepte comme boursiers et demi-boursiers que les fils d'officiers, servant ou ayant servi, et les fils de sous-officiers morts au champ d'honneur. Les boursiers sont au nombre de 300 et les demi-boursiers au nombre de 100. Les autres élèves paient 850 francs s'il sont pensionnaires, et 425 francs s'ils n'ont qu'une demi-pension. Pensionnaires et boursiers apportent leur trousseau. Si l'on calcule les dépenses eu égard aux élèves gratuits, on trouve que chacun d'eux revient à environ 1,400 francs par an. Avec la moitié de cette somme on les ferait parfaitement élever dans leurs familles.

L'École de cavalerie de Saumur se dinstingue par un bon marché relatif; mais, là encore, il y a de grosses économies à faire sur les dépenses exagérées et les frais inutiles.

L'École d'application d'état-major, inscrite à ce chapitre pour 100,000 francs, reçoit, en outre, sur les chapitres IV et VI, une somme de 368,186 francs, ce qui porte à 468,186 francs sa dépense totale.

Je ne veux point vous attarder, mes enfants, sur les autres Écoles dépendant du ministère de la guerre, quoique le chiffre de 744,300 francs affecté aux Ecoles de médecine militaire soit trop gros de moitié.

Je l'ai dit et je le répète, c'est sur l'ensemble du budget de ce ministère qu'il faut économiser *cent millions*.

Le jour où l'on y regardera de près et où l'élément civil y aura été introduit, on s'apercevra bien vite que l'économie peut aller plus loin encore, tout en armant la France plus solidement qu'elle ne l'a jamais été.

IV

MINISTÈRE DE L'INSTRUCTION PUBLIQUE

DES CULTES ET DES BEAUX-ARTS

Ce budget se divise en trois sections, et ses dépenses se décomposent ainsi :

1re *Section.* — Instruction publique, sciences et lettres, établissements scientifiques et littéraires	34.524.843 fr.
2e *Section.* — Archives nationales, beaux-arts, musées, etc	6.797.915
3e *Section.* — Service des cultes	54.064.995
Total	95.387.753

DÉPENSES PAR CHAPITRES.

1re *Section.* — *Instruction publique, etc.*

Chap. 1er. Traitement du ministre. Personnel de l'administration centrale	620.600 fr.
A reporter	620.600 fr.

4

	Report	620.600 fr.
Chap. 2.	Matériel de l'administration centrale..	143.600
— 3.	Inspecteurs généraux de l'instruction publique	358.000
— 4.	Services généraux de l'instruction publique	250.000
— 5.	Administration académique	1.198.700
— 6.	École normale supérieure	321.310
— 7.	Facultés	4.518.021
— 8.	Bibliothèque de l'Université	30.000
— 9.	École des hautes études	300.000
— 10.	Institut national de France	661.200
— 11.	Académie de médecine	45.500
— 12.	Collége de France	290.000
— 13.	Muséum d'histoire naturelle	696.580
— 14.	Établissements astronomiques	576.160
— 15.	École des langues orientales vivantes. Bibliothèque et musée d'Alger	147.200
— 16.	École des chartes	46.600
— 17.	École d'Athènes	214.500
— 18.	Bibliothèque nationale (dépenses ordin.)	495.750
— 19.	— (catalogues)	50.000
— 20.	Bibliothèques publiques	209.500
— 21.	Sociétés savantes	70.000
— 22.	Subvention au *Journal des savants*	15.000
— 23.	Souscriptions scientifiques et littéraires.	190.000
— 24.	Encouragements aux savants et gens de lettres	200.000
— 25.	Voyages et missions scientifiques, etc..	100.000
— 26.	Recueil et publication de documents inédits de l'histoire de France	115.500
— 27.	Préparation et publication de la carte des Gaules	25.000
	A reporter	11.888.721 fr.

	Report	11.888.721 fr.
Chap. 28.	Frais généraux de l'instruction secondaire	120.000
— 29.	Lycées et collèges communaux	4.350.000
— 30.	Bourses et dégrèvements	1.150.000
— 31.	Inspection des écoles primaires	1.407.622
— 32.	Dépenses d'instruction primaire, imputables sur les fonds généraux de l'État	15.608.500
— 33 et 34.	(Exercices clos et périmés. Pas d'allocation.)	
	Total	34.524.843 fr.

2e *Section. — Archives, Beaux-arts*, etc.

Chap. 35.	Personnel de l'administration centrale.	211.500 fr.
— 36.	Matériel de l'administration centrale.	43.000
— 37.	Personnel des archives nationales	145.500
— 38.	Matériel des archives nationales	32.600
— 39.	Établissements de beaux-arts	437.400
— 40.	Ouvrages d'art et décoration d'édifices publics	930.000
— 41.	Exposition des œuvres des artistes vivants	245.000
— 42.	Théâtres nationaux, Conservatoire de musique	1.658.000
— 43.	Souscriptions	136.000
— 44.	Encouragements et secours	254.000
— 45.	Monuments historiques	1.100.000
— 46.	Musées nationaux	585.000
— 47.	Bibliothèques des palais	75.900
— 48.	Palais du Luxembourg	135.065
— 49.	Manufactures nationales	809.950
	Total	6.797.915 fr.

3e *Section.* — *Service des cultes.*

Chap.	1er.	Personnel des bureaux des cultes....	243.400 fr.
—	2.	Matériel des bureaux des cultes.....	40.000
—	3.	Cardinaux, archevêques et évêques..	1.650.000
—	4.	Vicaires généraux, chapitres et clergé paroissial.....................	39.290.395
—	5.	Chapitre de Saint-Denis et chapelains de Sainte-Geneviève............	246.500
—	6.	Bourses des séminaires catholiques..	1.194.200
—	7.	Pensions ecclésiastiques et secours personnels....................	895.500
—	8.	Secours annuels à divers établissements religieux................	105.000
—	9.	Service intérieur des édifices diocésains.......................	599.000
—	10.	Entretien des édifices diocésains. — Travaux aux édifices diocésains de l'Algérie.....................	1.113.000
—	11.	Constructions et grosses réparations des édifices diocésains...........	2.400.000
—	12.	Crédits spéciaux pour diverses cathédrales........................	1.001.000
—	13.	Secours pour travaux concernant les églises et presbytères............	3.400.000
—	14.	Travaux aux édifices diocésains et paroissiaux des départements annexés......................	200.000
—	15.	Personnel des cultes protestants.....	1.355.500
—	16.	Frais d'administration de l'Eglise de la confession d'Augsbourg..........	10.000
		A reporter............	53.743.495 fr.

	Report............	53.743 495 fr.
Chap. 17.	Personnel du culte israélite........	168.500
— 18.	Secours pour les édifices des cultes protestants et israélite...........	120.000
— 19.	Dépenses diverses et accidentelles, frais de passage................	33.000
	Total.................	54.064.995 fr.

Le budget de ce ministère exigeant de grandes réformes et surtout des réformes radicales, je m'arrêterai fort peu aux détails.

Nous allons toutefois en parcourir les chapitres.

1re *Section.*

Le personnel et le matériel de l'administration centrale se ressemblent dans tous les ministères. C'est toujours un hôtel splendidement meublé pour le plus grand agrément du ministre ; ce sont toujours de gros traitements pour ceux qui font travailler les autres, toujours de très modestes appointements pour ceux qui font la besogne.

Je ne puis que répéter ce que j'ai dit en parlant des précédents ministères. Les mêmes abus appellent les mêmes réformes.

Je passe donc sur les premiers chapitres. Je retranche toutefois les 210,650 francs des Facultés de théologie; c'est exigé par l'ensemble de mon système.

J'aurais bien envie de retrancher aussi les 946,600 francs de la Faculté de médecine, car les médecins, si aimables et si instruits en societé, si louablement progressifs en politique, ne savent que se rejeter de deux siècles en arrière dès qu'il s'agit de soigner nos infirmités.

On dirait dans ces moments-là des monomanes, qu'un mot malencontreux arrache subitement à la lucidité, pour les replonger dans leur idée fixe.

Le médecin ramené à la médecine se transforme à vue d'œil.

Le progrès, l'iniative, l'indépendance des idées lui semblent tout à coup des monstruosités menaçantes. Il ne voit plus que par la Faculté, n'agit plus que par la Faculté, ne jure plus que par la Faculté.

Mettez-lui sous les yeux un remède qui guérit, ce remède lui fait peur, si celui qui l'a découvert n'a pas de diplôme. Il a, depuis dix ans, à sa disposition, un traitement souverain contre une maladie qui décime ou défigure horriblement l'espèce humaine, contre la petite vérole, s'il faut l'appeler par son nom, eh bien, ce traitement, il le nie, parce que ce n'est pas un docteur qui l'a inventé.

En vain la chirurgie fait à côté de lui des miracles ; en vain la chimie lui apporte les découvertes les plus merveilleuses : il ferme de très bonne foi, mais obstinément les yeux à la lumière, et refuse de faire un seul pas en avant.

Jugez donc de ce qu'il doit arriver, s'il lui prend la fantaisie de se faire *aliéniste*.

Présentez-lui l'homme le mieux en possession de toute sa raison, et il le déclarera fou, si c'est son idée. Cet homme, vous dira-t-il, a des *prédispositions délirantes* à l'état *latent*.

Ne riez pas, mes enfants, j'ai entendu soutenir cette doctrine en pleine cour d'assises.

Il ne faut donc pas s'étonner si un médecin aliéniste qui, lui aussi, a sa prédisposition, mais à l'état *patent*, peut le plus consciencieusement du monde faire jeter dans un asile d'aliénés un présomptif héritier qui gène sa famille.

Je ne voudrais rien retrancher de ce qui peut contribuer à la gloire de la France, mais je désirerais que nos savants eussent la bonne idée de joindre l'utile à l'agréable. C'est très beau assurément de découvrir une étoile, et cela fait grand honneur à un astronome, mais ne serait-ce donc rien que de prédire quelque peu les mauvais temps, les bourrasques et les tempêtes? Je lisais tous les jours, à Paris, la feuille officielle de l'Observatoire, qui m'annonçait les pluies et les orages vingt-quatre heures après les journaux, et trois jours après qu'il avait plu ou tonné.

Est-ce pour arriver à ce degré de science que nous payons l'astronomie 576,176 francs par an?

Je voudrais bien connaître aussi ce fameux catalogue de la Bibliothèque nationale qui nous coûte *cinquante mille francs* chaque année.

Si l'on y a inscrit tous les livres sortis de la Bibliothèque sous le dernier règne, pour la plus grande commodité des privilégiés, je comprends que le travail ait été considérable, surtout si l'on y a inscrit ensuite la rentrée de tous ces volumes, ce qu'il ne serait pas inutile de vérifier.

Le *Journal des Savants* offre donc bien peu d'intérêt pour avoir besoin de 15,000 francs par an pour vivre ?

En revanche, nous devons avoir une curieuse collection de documents inédits sur l'histoire de France, car nous en récoltons pour plus de *cent mille francs* chaque année.

Quant à la carte des Gaules, elle ne coûte, il est vrai, que 25,000 fr. par an, mais il ne faut pas désespérer de voir ces 25,000 francs arriver à deux millions. Peut-être sera-t-elle terminée dans le siècle prochain.

Mais passons sur cette section en notant, pour y revenir, que le budget de l'État donne aux lycées et aux colléges communaux, ci.. 4.350.000 fr.

A l'instruction primaire........................ 15.608.500

Total................. 19.958.500 fr.

Tandis qu'il donne au clergé et au service des cultes la somme énorme de *cinquante-quatre millions !*

2e *Section.*

Le personnel de l'administration centrale, pour cette section, se compose de 13 chefs et sous-chefs, et de 33 commis. Les chefs et sous-chefs reçoivent 92,000 francs et les commis 84,100 francs.

J'ai déjà parlé de cette multitude de chefs et de sous-chefs, souvent inutiles, en faveur desquels les gros traitements ont été constitués. C'est une élimination générale à faire, après examen, dans tous les ministères.

Un chiffre de cette section m'épouvante, parce que c'est le plus gros de tous, je veux parler des 1,658,000 francs alloués aux théâtres nationaux et au Conservatoire de musique.

La subvention accordée aux théâtres s'élève seule, avec ses accessoires, à la somme de 1,435,000 francs.—Si cela me regardait, je ferais l'économie de cette subvention tout entière.

Oh! je sais très bien ce qu'un de nos députés a dit à la tribune pour que cette largesse fût maintenue. Je suis même de son avis sur les encouragements à donner aux beaux-arts qui sont une des gloires de la France. Mais je ne ferais pas un aussi long détour que lui pour encourager les beaux-arts, et je n'y emploierais pas tant de fonctionnaires ni de gros traitements : je supprimerais tout simplement la redevance du droit des pauvres.

Eh quoi ! l'État donne aux théâtres, qui donnent aux hospices, qui donnent aux bureaux de bienfaisance, qui donnent à X.

Pourquoi ne pas donner directement à X ?

Profitons de l'occasion, mes enfants, pour savoir ce que c'est que cet inconnu qui fait un aussi long voyage pour venir puiser près d'un million et demi dans notre budget.

Entrez avec moi dans un des bureaux de bienfaisance de la ville de Paris. Ce bureau qui a, bon an mal an, deux cent mille francs à dépenser, en affecte la moitié environ à dégrever les hospices de ses infirmes, de ses vieillards et d'une partie de ses malades.

Les cent mille francs qui lui restent proviennent :

1° De la subvention inscrite à notre budget et reversée au bureau de bienfaisance sous forme de droit des pauvres, soit le vingtième de 1,435,000 francs, en chiffre rond..................	70.000 fr.
2° De souscriptions, quêtes dans l'arrondissement, etc.	30.000
Total................	100.000 fr.

Dès que ces cent mille francs sont encaissés, nous voyons apparaître X, qui les prend et les distribue ainsi qu'il suit :

Traitements et frais de bureau....................	20.000 fr.
Douze médecins et douze religieuses (1,000 fr. chacun)	24.000
Loyer de trois maisons pour les religieuses.........	56.000
Total égal..............	100.000 fr.

Et les pauvres? me direz-vous.

En effet, je les oubliais, les pauvres, et je faisais faire à X une sottise.

X ne paie pas le loyer de ses maisons religieuses ; il le fait payer par la ville de Paris. Il lui reste donc 56,000 francs à distribuer, et voici à peu près comment il s'y prend :

Il fait dresser, par des personnes pieuses, une liste d'honnêtes gens qui seront pauvres l'année prochaine, et inscrit pour eux	35.000 fr.
Il inscrit, en outre, pour médicaments..............	16.000
Pour secours à 375 accouchées pauvres..............	4.500
Total..................	55.500 fr.
Et il lui reste, pour les misères non prévues de l'année courante......................................	500
Somme égale...............	56.000 fr.

Et notez bien, mes enfants, que c'est le plus honnêtement du monde que X s'y prend de cette façon pour secourir les pauvres. C'est sa prévoyance qui l'égare. A force de chercher ceux qui seront pauvres dans un an, il perd absolument de vue ceux qui sont pauvres aujourd'hui. En revanche il a tout le temps, pour s'assurer des besoins, de la moralité et de la piété de ceux à qui il donnera l'année prochaine.

Je ne chicanerai point sur les autres articles de cette section, car une dépense de six à sept millions pour les beaux-arts, chez une nation comme la nôtre, n'a certainement rien d'exagéré. Seulement cette somme pourrait être distribuée avec plus de discernement.

3e *Section.*

Nous avons, mes enfants, sous cette section, une économie de 54,064,995 francs à réaliser.

L'État doit sa protection aux ministres des cultes, comme à tous les autres citoyens, mais il ne doit pas leur donner de l'argent.

Je vous connais, mes enfants, et vous me connaissez ; vous savez que je ne suis ni un athée ni un homme sans religion; que j'ai pour toute foi vraie, pour toute croyance sincère, le plus grand respect, je dirai même la plus grande vénération.

Eh bien, c'est parce que je crois et que je voudrais ramener à la foi tous les incrédules, que je demande la suppression, dans le budget de l'État, de toute espèce d'allocation pour le culte et le clergé.

Plus un État donne au culte et au clergé, plus il fait de mal à la religion. Voyez si, à chaque révolution, depuis quatre-vingts ans, ce n'est pas toujours contre le clergé que se manifeste le plus vivement le sentiment populaire ! Pourquoi ? Parce que l'État donne au clergé de l'argent et de la puissance ; de l'argent, aux dépens de tous ceux qui paient l'impôt ; de la puissance, aux dépens de l'égalité qui doit exister entre tous les citoyens.

Voyez ce qui se passe aux États-Unis, où le budget ne fournit au culte ni traitement, ni temples, ni presbytères.

L'Amérique, dont l'Église méthodiste n'avait, en 1776, que 24 pasteurs et 4,921 adhérents, comptait, en 1867, d'après des documents fournis au journal officiel français, 1,032, 184 fidèles, 8,935 prédicateurs résidants, et 7,989 prédicateurs sans résidence fixe. Le nombre de ses églises était de 11,138 et celui de ses maisons curiales de 3,570, représentant ensemble une valeur de 41,012,479 dollars, c'est-à-dire plus de deux cents millions de francs. C'est par millions de dollars que se chiffrent chaque année les libéralités faites aux cultes et à l'enseignement moral et religieux.

Croit-on la France moins généreuse que les États-Unis? Voici ce qu'écrivait, il y a douze ans, M. Maurice Block, dans un excellent livre intitulé : *L'Europe politique et sociale :*

« Lors du recensement de 1861, où l'on ne distingue pas entre les associations autorisées et les associations non autorisées, on a compté (en France) 86 communautés d'hommes avec 58 maisons mères, 37 maisons indépendantes et 1,931 succursales (des maisons mères) renfermant 17,776 membres, puis 281 communautés de femmes, avec 361 maisons mères, 593 maisons indépendantes, 11,050 succursales, et 90,343 religieuses. Ce document émane du ministère de l'agriculture et du commerce ; nous en avons d'autres qui émanent du ministère des cultes et du ministère de l'intérieur, et qui ne concordent pas complètement avec le précédent, probablement, comme ils le disent d'ailleurs, parce qu'ils ne connaissent pas toutes les associations non autorisées. Le ministère de l'intérieur signalait alors 4,932 établissements conventuels reconnus et

2,870, au moins, établissements non reconnus. Ces nombres ont sensiblement augmenté depuis, car 90 à 95 autorisations nouvelles sont accordées tous les ans.

« Au 1er janvier 1856, les associations autorisées possédaient des immeubles valant 81,975,000 francs. De 1856 à 1860, les dons et legs pour lesquels les formalités légales avaient été remplies, se sont élevés à 6,519,000 francs, rien que pour les congrégations religieuses; les dons et legs faits aux diocèses, aux fabriques, cures et succursales, se sont élevés à 19,375,951 francs. Maintenant, qu'est-ce qui a été donné de la main à la main? Quel est le montant de la fortune des associations non autorisées? On l'ignore complètement. Du reste, on ne connaît pas non plus les valeurs au porteur possédées par les congrégations; elles s'élèvent certainement à beaucoup de millions. »

On voit, par les chiffres qui précèdent, que le clergé n'a pas besoin, pour vivre et se suffire en France, d'avoir recours au budget de l'État.

Le chapitre III du budget des cultes porte, pour 1872, les chiffres suivants (1) :

Traitements : 1 archevêque, à Paris	50.000 fr.
— 1 archevêque, à Alger	30.000
— 16 archevêques, à 20,000 francs	320.000
— 69 évêques à 15,000 francs	1.035.000
Supplément de traitement de 10,000 francs pour six cardinaux	60.000
Indemnités pour frais de visites diocésaines	92.000
Indemnités pour frais d'établissement des cardinaux, archevêques et évêques	55.000
Frais de bulles et d'informations	24.000
Total	1.666.000 fr.
A déduire pour produit présumé de vacances d'emploi.	16.000
Total	1.650.000

(1) Nous avons, d'après les données du budget, 18 archevêques, 69 évêques, 190 vicaires généraux, 709 chanoines, 3,443 curés, 31,077 prêtres desservants, 9,129 aumôniers et vicaires; total : 44,625.

L'indemnité pour les visites diocésaines est de 1,000 francs pour les diocèses composés d'un seul département et de 1,500 francs pour ceux qui en comptent deux.

L'indemnité pour frais d'établissement est de 15,000 francs pour les archevêques et de 10,000 pour les évêques.

Indépendamment du traitement et des indemnités, chaque évêque ou archevêque a droit à sa dotation ou *mense épiscopale*, composée : 1° des biens qui lui ont été affectés par l'Etat, des biens provenant de legs ou donations acceptés avec autorisation du gouvernement; des biens acquis par l'évêché avec la même autorisation ; 2° de l'usufruit du palais épiscopal que l'Etat doit lui procurer, et du mobilier dont l'État lui doit également la fourniture et *l'entretien;* 3° des subventions qui peuvent lui être faites par les départements.

L'*Évêché*, considéré comme personne civile, pouvant acquérir et recevoir par donations ou autrement, a nécessairement une fortune propre, dont l'évêque jouit à son gré.

Ainsi, un archevêque-cardinal, qui reçoit 30,000 francs de traitement par an, plus les revenus de son évêché, lesquels peuvent doubler ou tripler cette somme, a encore droit à 15,000 francs pour aller s'établir dans un palais fourni par l'Etat, meublé par l'Etat, et entretenu par l'Etat.

Est-ce trop s'avancer que d'évaluer, dans ces circonstances, le revenu d'un prince de l'Eglise à *cent mille francs* par an?

Ce n'est pas trop, sans doute, si, comme je le suppose, ce vénérable prélat emploie son immense fortune en bonnes œuvres.

Mais cela fait mauvais effet dans le public; cela produit la jalousie et tous les mauvais sentiments qui en découlent.

Avec quinze mille francs de moins que le cardinal-archevêque, l'évêque jouit également d'une trop belle fortune pour ne pas mettre contre lui les méchants et les envieux.

Passons au petit curé de campagne.

Le traitement fixe du curé varie de 1,200 à 1,600 francs, et celui de simple desservant de 900 à 1,300 francs.

Mais le presbytère et un vaste jardin sont offerts gratuitement à l'un et à l'autre.

En outre, il y a le casuel, les mariages, les enterrements, etc.

Le curé ou desservant fait son bénéfice des cierges de première communion, des cierges du pain bénit, des cierges qu'il porte à la main dans toutes les cérémonies, et partage avec la fabrique ceux des mariages, des enterrements, etc.

Le curé ou desservant bénéficie également de toutes les offrandes faites au baiser de paix, cérémonie qui se répète très fréquemment. Si peu que donne le fidèle qui va baiser la croix ou la patène, cela ne manque pas de faire une certaine somme chaque fois.

Au milieu de paroissiens qui travaillent péniblement la terre et qui gagnent à peine trois ou quatre cents francs par an pour faire vivre leur famille, le curé est un nabab, dont plusieurs jalousent le sort.

Au lieu de crier contre l'incrédulité du siècle qui menace véritablement les pieuses traditions de nos pères, revenons à l'austérité des apôtres; supprimons les frais officiels pour le culte et le clergé. Pauvre, le ministre de la religion, loin d'exciter l'envie des méchants, sera au contraire entouré de la sollicitude publique. Comment pourrait-il manquer, quand nous avons vu s'enrichir en quelques années des communautés mendiantes, arrivées sans argent et sans chaussures, et possédant aujourd'hui des églises, des palais et de magnifiques propriétés?

Comment la piété des fidèles serait-elle insuffisante pour subvenir aux besoins du clergé, qui compte à peine 45,000 membres, quand elle comble de biens plus de 100,000 religieux ou religieuses? C'est par la pauvreté autant que par la parole, que les prédicateurs de l'Evangile, les Paul, les Pierre, les Barnabé convertissaient des nations entières, malgré les périls qui les entouraient.

La foi est restée aussi vive dans le cœur des vrais croyants qu'au début du christianisme, mais les périls ont cessé d'exister, et saint Paul ne dirait plus aux prédicateurs et aux propagateurs de la vérité, qu'ils souffriront *dans leur chair* s'ils se marient. Il en reviendrait plutôt à ce qu'il écrivait à Timothée, dans sa première épître : « Il faut que « l'évêque soit irrépréhensible; qu'il n'ait épousé qu'une femme; qu'il « soit sobre, prudent, grave et modeste, chaste, aimant l'hospitalité, « capable d'instruire...

« Qu'il gouverne bien sa propre famille, et qu'il maintienne ses « enfants dans l'obéissance et dans toute sorte d'honnêteté.

« Car si quelqu'un ne sait pas gouverner sa propre famille, comment pourra-t-il conduire l'Eglise de Dieu? »

Il continuerait également à conseiller aux jeunes personnes de se marier.

« Que celle qui sera choisie pour être mise au rang des *veuves* (1), « n'ait pas moins de soixante ans; qu'elle n'ait eu qu'un mari.

« Mais n'admettez point en ce nombre les jeunes veuves; parce que « la mollesse de leur vie les portant à secouer le joug de Jésus-Christ, « elles veulent se remarier.

« J'aime donc mieux que les jeunes se marient; qu'elles aient des « enfants; qu'elles gouvernent leur ménage... » (1re EPITRE de *saint Paul à Timothée*, ch. V, v. 9, 11, 14.)

Oui, mes enfants, les persécutions religieuses ont cessé, et il ne faut pas souhaiter qu'elles renaissent pour rendre plus intéressante la mission de nos apôtres modernes. Mais ce que le clergé peut faire encore, c'est de rentrer parmi les pauvres. Saint Paul mettait toute sa gloire à prêcher *gratuitement* l'Evangile. « J'aimerais mieux mourir, « disait-il, que de souffrir que quelqu'un me fît perdre cette gloire. » (1re aux Corinthiens, ch. IX, v. 15, 18.)

Nous avons vu que le budget des cultes s'élevait à.	54.064.995 fr.
D'après le livre que j'ai cité plus haut, ce chiffre est encore grossi, par les allocations des départements, de	1.000.000
Et par celle des communes, de:.............	35.000.000
Total................	90.064.995 fr.

(1) Le *veuvat* était la profession religieuse des femmes, et il fallait être véritablement *veuve* pour y prétendre.

Les *veuves* exerçaient certains emplois, sous les ordres de l'évêque, tant par rapport à la visite des femmes malades que dans l'administration du baptême, le soin des pauvres et la pratique des œuvres de charité, l'instruction et la surveillance des jeunes filles chrétiennes.

En appliquant ce million des départements et ces 35 millions des communes à l'instruction primaire, nous aurions atteint, je crois, le but que la France et l'esprit de progrès poursuivent en vain depuis si longtemps.

Les monuments consacrés au culte seraient plus modestes, et les cérémonies moins brillantes, j'en conviens, mais souvenez-vous de ces paroles de Jésus-Christ, à propos des païens et des Juifs de son temps :

« Lorsque vous priez, ne ressemblez pas aux hypocrites qui affectent « de prier en se tenant debout dans les synagogues et aux coins des « rues pour être vus des hommes....

« Mais vous, lorsque vous voudrez prier, entrez dans votre chambre, « et la porte en étant fermée, priez votre Père dans le secret, et votre « Père, qui voit ce qui se passe dans le secret, vous en rendra a « récompense.

« N'affectez pas de parler beaucoup dans vos prières, comme font les « païens, qui s'imaginent que c'est par la multitude des paroles qu'ils « méritent d'être exaucés. (*Évangile* selon saint Mathieu, ch. IV v. 5, 6, 7.)

« Malheur à vous, scribes et pharisiens hypocrites, parce que sous « prétexte de vos longues prières, vous dévorez les maisons des veuves, « c'est pour cela que vous recevrez un jugement plus rigoureux. » (Saint Mathieu, ch. XXIII, v. 14).

Je ne demande point, mes enfants, que l'on change quoi que ce soit à la façon de prier Dieu, ni que l'on gêne les ministres de la religion dans l'accomplissement des prescriptions de l'Eglise, mais je demande la suppression du budget des cultes, parce qu'en imposant aux fidèles, au moyen de l'impôt, l'obligation de payer les frais du culte, on leur enlève le mérite de le faire spontanément et de leur propre volonté.

Ni Jésus-Christ ni ses apôtres ne sont morts de faim, et cependant ils étaient poursuivis et persécutés, ce qui, Dieu merci, n'existe plus pour les prédicateurs de la foi.

Ils ne mendiaient point dans leurs pérégrinations, car ils recevaient des offrandes partout où ils passaient, et c'était Judas qui tenait la bourse.

Judas n'avait pas encore trahi, mais l'amour de l'argent, source de tant de crimes, le dominait déjà.

Lorsque Marie eut répandu ses parfums sur les pieds de Jésus-Christ, il s'indigna et dit :

« Pourquoi n'a-t-on pas vendu ce parfum trois cents deniers, qu'on « aurait donnés aux pauvres ? »

Il semble qu'il aimait beaucoup les pauvres, cet honnête Judas! On a tout dit, en effet, quand on a dit : *pour les pauvres !*

Mais saint Jean, dans son *Evangile* (ch. XII, v. 6), explique ainsi l'exclamation du caissier :

« Il disait ceci, non qu'il se souciât des pauvres ; mais parce qu'il « était larron, et qu'ayant la bourse, il portait l'argent qu'on y « mettait. »

Séparons donc, mes enfants, la religion de la fortune, et rendons-lui sa pieuse et honorable pauvreté.

Donner *trente-six millions* de plus à l'instruction primaire, et confier les choses religieuses à la libre sollicitude des fidèles, me paraît une mesure aussi profitable à la religion qu'à l'Etat.

C'est pourquoi je serais heureux de la voir adopter.

V

LE MINISTÈRE DES FINANCES

Je vous ai dit, mes enfants, dès notre première réunion, comment il était possible et même très facile d'économiser *cent millions* sur les dépenses du ministère des finances.

Puisqu'il n'y a plus à discuter sur ce point, promenons-nous dans le budget de ce ministère, comme nous ferions dans un musée.

Nous avons à parcourir quatre immenses galeries ou quatre parties, comme il vous plaira.

Entrons dans la première :

Voici d'abord la dette consolidée. C'est la rente que nous devons payer en 1872 .... 542.127.185 fr.

Puis viennent : les capitaux remboursables à divers titres, annuités, intérêts aux chemins de fer, intérêts des cautionnements, etc., etc. 435.967.985

La dette viagère, dans laquelle sont comprises des pensions pour les *anciens sénateurs* et pour les *anciens grands dignitaires de l'Empire*. 101.803.599

Les dotations et dépenses de l'Assemblée nationale 29.944.650

1.109.843.419 fr.

Comme vous le voyez, mes enfants, cette première galerie est bien meublée. Un peu plus d'*un milliard !* C'est quelque chose.

Ce qui me touche, en passant, c'est cette attention délicate pour les anciens grands fonctionnaires de l'Empire.

Voici des gens dont *chacun* a reçu de *cinq cent mille francs* à *un million* de notre argent pendant toute la durée de l'Empire, et cela ne leur a pas suffi ! il faut encore inscrire à notre budget des centaines de mille francs pour les faire vivre !

Mais, me direz-vous, ces pensions proviennent des retenues qu'on a faites sur leurs appointements.

D'accord. Mais si les appointements étaient trop élevés? Si les fonctions étaient inutiles? Si elles étaient nuisibles à nos intérêts?

Donnez-moi une sinécure de cinquante mille francs par an, et vous verrez si, moi aussi, je ne consens pas à une retenue!

C'est que dans ce temps-là les gros traitements ne coûtaient rien à donner. Vingt, trente, quarante, cinquante mille francs ne pesaient pas plus qu'une plume. Quand un serviteur se faisait vieux, le maître le faisait appeler et lui disait : Mon garçon, tu m'as servi avec dévouement, tu as exécuté mes ordres sans chercher à savoir s'ils étaient bons ou mauvais, je suis content de toi. Voici, pour te reposer, une place de trente mille francs où tu n'auras rien à faire.

Et l'autre acceptait, naturellement ; et il consentait à une retenue.

Et aujourd'hui, il a des *droits acquis*. Et parce qu'on lui a, dans ce temps-là, donné une place et des appointements dont on aurait dû faire l'économie, il faut l'indemniser, sous forme de pension, de ce qu'il n'a pas reçu davantage.

Oh ! que j'avais raison de vous dire, à notre première réunion, mes enfants, que les fonctionnaires étaient plus forts que les peuples et les monarques! que le *fonctionnarisme* était la seule puissance impérissable ! *Ære perennius !* dirait notre instituteur.

Je remarque encore, dans cette première partie, une somme de *quatorze millions* allouée comme supplément de dotation à la *Légion d'honneur*.

C'est une belle institution, mes enfants, que celle de la Légion d'honneur, mais je voudrais qu'elle coûtat moins cher à l'État.

Avec les revenus qu'elle possède et les 14 *millions* que nous lui donnons, la Légion d'honneur a, chaque année, une vingtaine de millions à dépenser.

Voyons comment cette somme est employée :

Traitement du grand chancelier	30.000 fr.
Traitement du secrétaire général	18.000
2 chefs de divisions, à 11 et 12,000 francs	23.000
5 chefs de bureau, de 5,200 à 8,000 francs	32.700
5 sous-chefs de bureau, de 3,900 à 4,700 francs	20.900
44 commis, de 700 à 3,600 francs	104.400
	229.000 fr.
Gens de service, au nombre de 14	19.200
Total	248.200 fr.

Le grand chancelier a, en plus de son traitement, le palais pour hôtel;

Le secrétaire général, 3,000 francs d'indemnité de logement;

Les gens de service, 2,000 francs d'habillement.

Mais je ne vois aucun supplément pour les commis à 700 francs.

Les frais de bureau, y compris les 2,000 francs d'habillement des gens de service, s'élèvent à 20,000 francs; le chauffage et l'éclairage à 20,000 francs; l'entretien du palais et quelques menues dépenses à à 29,000 francs, ce qui fait en totalité 72,000 francs à ajouter aux 248,200 francs qui précèdent.

L'effectif de la Légion d'honneur était, au 1er août 1871, évalué comme suit :

48	grands-croix recevant 3,000 francs	144.000 fr.
216	grands officiers recevant 2,000 francs	432.000
1.121	commandeurs recevant 1,000 francs	1.121.000
5.158	officiers recevant 500 francs	2.579.000
540	chevaliers recevant 350 francs	189.000
32.200	chevaliers recevant 250 francs	8.050.500
39.285	titulaires; en dépense	12.515.500 fr.

Mais, en prévision des extinctions arrivées pendant la guerre et non encore connues, il n'a été inscrit pour 1872, que .... 11.600.130 fr.

Aux 39,285 titulaires pensionnés, il faudrait ajouter, pour avoir le nombre total des légionnaires, les membres de l'ordre sans traitement; mais le budget ne les fait pas connaître. Ils doivent cependant s'élever à un certain nombre, si l'on remarque que les frais des décorations qui leur sont délivrées s'élèvent chaque année à 40,000 francs.

Les médaillés militaires reçoivent 100 francs par an. Le nombre en a été évalué, pour 1872, a environ 53,150, et une somme de 5,216,740 fr. a été inscrite à leur profit.

J'ai trop de respect pour la décoration de la Légion d'honneur, surtout lorsqu'elle est acquise par une longue série de services rendus, pour vouloir en atténuer le prestige; mais il me semble que l'honneur et l'argent s'accordent mal ensemble. Presque tous les grands dignitaires de l'ordre ont de brillantes fortunes ou de gros traitements. A quoi bon alors donner 3,000 francs aux grands-croix qui peuvent s'en passer, et n'accorder que 250 francs au simple chevalier, qui peut se trouver tout à la fois pauvre et infirme?

Selon moi, le signe de l'honneur devrait récompenser suffisamment celui qui a de quoi vivre. Cela permettrait d'aider plus efficacement ceux qui sont dans le besoin.

Et puis, il faut bien le dire, ces grands dignitaires de la Légion d'honneur appartiennent à l'aristocratie et non au peuple.

Et cependant, que serait le général sans ses soldats, alors que souvent la bravoure des soldats supplée à l'impéritie des chefs qui les commandent?

Vous m'avez souvent demandé, mes enfants, quelles étaient les différences entre les insignes de la Légion d'honneur.

Je vais essayer de vous contenter en peu de mots :

D'abord, la décoration de la Légion d'honneur est une étoile à cinq rayons doubles, *surmontée d'une couronne.* — On va sans doute enlever cette couronne qui, depuis Sedan, n'est plus qu'une insulte à l'institution de la Légion d'honneur.

L'étoile, émaillée de blanc, est en argent pour les chevaliers, et en or pour les officiers, commandeurs, grands officiers et grands-croix.

Le diamètre est de 40 millimètres pour les officiers, et de 60 pour les commandeurs.

Les chevaliers portent la décoration attachée par un ruban moiré rouge, sans rosette, et sur le côté gauche de la poitrine.

Les officiers la portent à la même place et avec le même ruban, mais avec une rosette.

Les commandeurs portent la décoration en sautoir, attachée par un ruban moiré rouge, plus large que celui des officiers et chevaliers. (*Le ruban fait le tour du cou et la croix repose sur la poitrine.*)

Les grands officiers portent sur le côté droit de la poitrine une plaque ou étoile à cinq rayons doubles diamantée tout argent, du diamètre de 90 millimètres.

Enfin, les grands-croix portent un large ruban, moiré rouge, en écharpe, passant sur l'épaule droite, et au bas duquel est attachée une croix semblable à celle des commandeurs, mais ayant 70 millimètres de diamètre; de plus, ils portent sur le côté gauche de la poitrine une plaque semblable à celle des grands officiers.

Nous avons vu, dans notre village, bien des anciens mutilés des guerres de la première République et du premier Empire, bien de ces anciens braves qui avaient sauvé la patrie des griffes de l'étranger, mais vous souvient-il, mes enfants, d'en avoir vu un seul portant une rosette?

Une seule fois, nous avons aperçu de loin une croix de commandeur; c'était celle du préfet qui était venu pour le conseil de révision, un bel homme, je l'avoue, et qui la portait bien. Il avait servi le premier Empire et la Restauration, et il était pour le moment préfet de Louis-Philippe. Sous chaque règne, il avait fait serment de fidélité à l'empereur ou au roi. Et comme il avait tenu ses serments jusqu'à la chute de chacun d'eux, il était monté en grade à chaque chute, en passant au service du successeur.

Pour un homme d'honneur, c'était un homme d'honneur: il se serait fait plutôt couper en deux que de lâcher sa place.

Et puis, voyez-vous, mes enfants, il ne faut pas être jaloux. Ne serait-ce pas triste de voir ces belles décorations qui font si bien sur les habits brodés, venir s'égarer sur nos misérables blouses ?

D'ailleurs, pour arriver à être grand-croix, grand officier ou commandeur, il faut en faire son état.

Pour être officier, il faut avoir passé quatre ans dans le grade de chevalier ; pour être commandeur, avoir passé deux ans dans le grade d'officier ; pour être grand officier, avoir passé trois ans dans le grade de commandeur ; pour être grand-croix, avoir passé cinq ans dans le grade de grand officier.

Vous me direz que ce n'est pas difficile et qu'il suffit pour cela de se laisser vivre.

C'est ce qu'avait fait notre préfet. Mais aussi quel courage n'avait-il pas déployé pour conserver sa place ? Que de voyages n'avait-il pas faits pour aller à Paris ? Dans un temps surtout où les plus grands citoyens étaient obligés de voyager en diligences. Bien sûr, vous n'en auriez pas fait autant !

M. Thiers a écrit dans son *Histoire du Consulat et de l'Empire*, ces lignes pleines de sagesse :

« Reconnaissons que cette création d'une distinction honorifique « était le triomphe le plus éclatant de l'égalité même, non de celle qui « égalise les hommes en les abaissant, mais de celle qui les égalise en « les élevant ; reconnaissons enfin que si, pour les *grands de l'ordre* « *civil ou militaire*, elle pouvait bien n'être qu'*une satisfaction de* « *vanité*, elle était, *pour le simple soldat* rentré dans ses champs, « l'*aisance du paysan* en même temps que la *preuve visible de l'hé-* « *roïsme.* »

Je ne chicanerai point sur l'*aisance* du paysan représentée par 250 francs de rente viagère, avec un membre de moins et des infirmités de plus ; mais je voudrais que la *satisfaction de vanité* restât étrangère aux charges de l'État.

Et ce que je dis pour les dignitaires de la Légion d'honneur, je le dirai, à plus forte raison, pour la *Maison d'éducation de Saint-Denis* et pour ses succursales.

La maison de Saint-Denis reçoit 400 pensionnaires gratuites ; les maisons d'Écouen et des Loges, ensemble 400, total 800... sur près de 40,000 familles de titulaires ayant un traitement!

La maison de Saint-Denis coûte 127,700 francs pour l'enseignement, et 420,000 francs pour la nourriture, l'entretien des élèves et autres dépenses, ce qui fait en totalité 547,700 francs, sans compter les dépenses accessoires.

Les succursales sont confondues ensemble pour un chiffre total d'environ 370,000 fr.

Cette différence provient, en grande partie, de ce que la pension des élèves gratuites est représentée à Saint-Denis par une somme de 900 francs, tandis qu'elle n'est évaluée qu'à 600 francs dans les succursales.

Je ne m'explique pas cette différence. Je sais bien qu'à Saint-Denis on ne reçoit que les filles des membres de la Légion d'honneur *sans fortune*, ayant au moins le grade de capitaine et *au-dessus*, ou une position civile *correspondant* à ce grade.

Tandis que dans les succurales on ne reçoit que les filles des grades inférieurs, jusqu'à celui de soldat.

Mais du moment que ces jeunes filles appartiennent toutes à des familles également honorables et également pauvres, comment se fait-il que l'instruction et l'éducation soient taxées à 900 francs pour les unes et à 600 francs seulement pour les autres?

Mais aussi, que de luxe pour l'éducation à 900 francs!

Personnel et traitements à Saint-Denis :

1	surintendante, à	12.000 fr.
1	dignitaire, à	2.400
5	dignitaires, à 2,000 francs	10.000
15	dames de première classe, à 1,200 francs	18.000
30	dames de deuxième classe, à 800 francs	24.000
20	novices à 400 francs	8.000
72		74.400 fr.

Toutes ces dames sont logées, nourries, chauffées dans la maison et aux frais de l'institution.

1	directeur de musique, à		2.700 fr.
1	professeur de musique instrumentale		2.400
1	directeur du dessin et de la peinture		2.400
1	maîtresse de maintien		2.000
81	gagistes		23.230
157			107.130 fr.
	A quoi il faut ajouter :		
	Service de la chapelle, 1er aumônier.	3.000 fr.	
	— 2e —	2.560	9.000
	— 3e —	2.300	
	Indemnité de logement	1.200	
	Indemnité au pasteur protestant		600
	Service de santé : Médecin	6.000 fr.	
	— Chirurgien	3.000	10.000
	— Dentiste	1.000	
			126.730 fr.

Ne voyant pas pour la préparation des aliments et les travaux de buanderie, qui doivent faire partie de l'enseignement, de maîtresses spéciales, comme pour le *maintien*, je suppose que la cuisine et le nettoyage du linge sont professés par les dames de deuxième classe ou par les novices.

Les élèves font leurs robes, leur linge et celui de la maison; rien de mieux. Il est probable qu'elles font aussi leurs bas. Seulement toutes ces dames, maîtresses et élèves, portant des robes d'uniforme, la variété des coupes doit laisser à désirer. C'est comme si on ne leur enseignait qu'une seule note. Il me semble que ce talent de la variété des coupes leur serait plus facile à acquérir si elles faisaient gratuitement de la confection pour les jeunes filles des légionnaires pauvres, qui n'ont pu être admises à Saint-Denis ou dans les succursales.

Une singulière remarque à faire sur les élèves à 900 francs et les les élèves à 600 francs : ce sont les élèves à 600 francs qui jouissent de la meilleure santé.

Saint-Denis a dix élèves de plus que les succursales; cette différence est insignifiante.

Eh bien, Saint-Denis dépense 9,000 francs en frais de médecin et de chirurgien, tandis que les succursales réunies ne dépensent que 5,600 francs.

La différence est plus marquée encore pour le service de santé. Pendant que ce service coûte 16,000 francs à Saint-Denis, il ne revient qu'à 9,000 francs dans les succursales.

Il est probable que dans les succursales on remplace le coin du feu en hiver par les exercices du corps. Aussi la dépense du linge s'y élève-t-elle à 5,000 francs, et le lavage à 1,000 francs de plus qu'à Saint-Denis. En revanche, on y dépense 30,000 francs de moins pour le chauffage et l'éclairage.

Je suis entré dans tous ces détails, mes enfants, plutôt pour satisfaire votre curiosité que pour discuter des chiffres.

Toutefois, la revue que nous venons de faire n'aura pas été inutile, si nous savons en retirer un enseignement.

Si honorables que soient l'institution de Saint-Denis et ses annexes, si estimables que soient les personnes chargées d'y donner l'enseignement, je crois qu'il y a un grand inconvénient, sinon un danger, à faire vivre pendant huit ans, dans une sorte de splendeur, des jeunes filles qui, en sortant de là, seront mises aux prises avec toutes les difficultés de la vie pauvre ou médiocre.

Sur 20,000 filles peut-être de membres de la Légion d'honneur, Saint-Denis et ses annexes n'en peuvent prendre que 800 comme élèves gratuites. Les cours durant huit années, cela ne fait par an qu'une centaine d'élèves. — Que deviennent celles qui ne sont pas admises ?

Ne vaudrait-il pas mieux consacrer ce gros budget de la Légion d'honneur à aider les légionnaires pauvres qui voudraient faire élever leurs filles sous leurs yeux ?

Voyez cette anomalie : Deux sœurs ne peuvent pas être admises à la fois; l'une est élevée à Saint-Denis, l'autre joue le rôle de Cendrillon dans la famille.

Supposez le jour où on les produira toutes deux dans le monde !

Mais poursuivons notre excursion :

Je vois avec plaisir qu'on a fait disparaître de cette galerie les

25,000,000 de l'ex-empereur; les 1,500,000 francs de sa famille, et les 6,375,600 francs du Sénat, cela dégage et repose les yeux.

Nous voici à la deuxième galerie :

Administration centrale des finances............	9.667.560 fr.
Monnaies et médailles........................	178.700
Exercices périmés et clos.....................	141.000
Cour des comptes............................	1.564.500
Service et trésorerie.........................	8.740.000
Total...........	20.291.760 fr.

L'administration centrale du ministère des finances ne pouvait pas être plus maltraitée que celles des autres ministères, au contraire. Les traitements de 12,000 à 25,000 francs y abondent, et les commis à 1,600 francs également.

Quant à la Cour des comptes, elle est sur le même pied que la Cour de cassation :

Président..................................	35.000 fr.
3 présidents de chambre à 25,000 francs...........	75.000
1 procureur général...........................	35.000
18 conseillers maîtres à 18,000 francs.............	324.000

Conseillers référendaires, etc. En tout *un million et demi*. Je ne sais si je me trompe, mes enfants, mais il me semble que c'est trop cher.

Les frais de *trésorerie* se composent, pour la plus forte partie, des traitements et émoluments des trésoriers payeurs généraux et receveurs particuliers des finances. C'est une dépense à ajouter aux 240,965,614 francs que nous payons pour frais de perception des impôts.

Puisque je viens de vous rappeler le chiffre de 249,965,614 francs qui nous a frappés dès le premier jour, voyons comment il se décompose.

Justement, nous arrivons à la troisième et à la quatrième galerie, où il s'étale dans toute sa splendeur.

Mettons-le en regard des revenus qu'il nous procure.

	Revenus.	Frais de perception.
Contributions directes..........	322.680.876 fr.	18.249.840 fr.
Enregistrem[t], timbre et domaines	573.414.000	16.324.050
Forêts......................	63.485.500	11.537.264
Douanes.....................	414.435.000	29.244.275
Contributions indirectes........	560.831.000	30.111.670
Tabacs......................	257.270.000	63.090.200
Poudres.....................	15.831.000	
Postes......................	111.628.000	69.780.015
		238.337.314 fr.
Remboursements, non-valeurs, etc..........		11.628.300
		249.965.614 fr.

L'enregistrement, le timbre et les domaines forment la branche qui rapporte le plus et qui coûte le moins.

Pourquoi ne pas réunir également les douanes et les contributions indirectes? Pourquoi deux ordres de fonctionnaires là où un seul suffirait?

Les hommes manquent-ils? — Le personnel des douanes se compose à lui seul de 22,142 chefs et employés.

Le personnel des contributions indirectes s'élève de son côté à 9,700.

Est-ce que la moitié de cette armée ne suffirait pas?

Et les tabacs? Si certains frais sont inévitables, pourquoi ne pas les atténuer, en affermant au profit de l'État cette immense quantité de bureaux affermés pour le compte particulier des favorisés de tous les gouvernements qui se sont succédé en France?

Quelques-uns de ces bureaux assurément ont été donnés en récompense de services véritables et à des familles vraiment pauvres. Mais que le Gouvernement publie alors au *Bulletin des Lois* les noms et domiciles de tous les titulaires! Nous verrons bien.

J'ajoute que c'est un devoir pour le Gouvernement de faire cette publication.

Caisse des dépôts et consignations.

Je ne puis quitter le ministère des finances sans parler de la Caisse des dépôts et consignations.

La Caisse des dépôts et consignations a trois siècles d'existence. Il ne faut donc pas s'étonner si, malgré les réparations dont elle a été l'objet à diverses époques, elle laisse à désirer comme établissement moderne.

Bâtie sur d'anciennes fondations granitiques et inusables, ce qu'elle a conservé de plus intact, c'est sa base.

On n'y vole plus comme autrefois, mais on y scelle si bien l'argent dans ses souterrains, qu'il est toujours long et difficile de l'en retirer.

A l'origine, tout le monde, mais particulièrement les gens de justice, se faisaient, de leur propre autorité, consignataires des sommes litigieuses. Ils les restituaient rarement.

Voulant remédier à cet état de choses, le roi Henri III créa, en 1578, des receveurs officiels des dépôts et consignations dans toutes les villes du royaume. Ces receveurs avaient le monopole des dépôts judiciaires et volontaires. Leurs honoraires étaient fixés à six deniers par livre, quelle que fût la durée du dépôt ou de la consignation. Ils devaient fournir caution.

Cet état de choses se prolongea jusqu'à la Révolution.

Une loi de 1793 ordonna le versement de tous les fonds déposés ou consignés, dans Paris, à la Caisse générale de la trésorerie nationale; dans les départements, aux Caisses de district.

Une autre loi, de l'an XIII, substitua la *Caisse d'amortissement* aux caisses de 1793.

La *Caisse d'amortissement* a pour mission de rembourser graduellement les dettes de l'État, à l'aide d'affectations annuelles sur le budget des finances. Mais il faut bien le reconnaître, sous toutes les monarchies que nous avons eues depuis le commencement de ce siècle, les dettes de l'État ont été fort peu remboursées, et les fonctionnaires et employés de cet établissement ont dû avoir des loisirs.

La gestion laissant à désirer, une loi du 28 avril 1816 rendit la *Caisse d'amortissement* à son repos, et créa la *Caisse des dépôts et consignations* que nous avons le bonheur de posséder aujourd'hui.

Ce fut cette nouvelle caisse qui reçut les consignations judiciaires ; les dépôts volontaires, les fonds de la Légion d'honneur, les fonds de retraites, les fonds des caisses d'épargne, etc., etc.

Je n'entrerai pas, mes enfants, dans le détail des consignations judiciaires; il me faudrait écrire un volume et je n'aurais pas encore tout dit. Le montant des consignations judiciaires représente une somme considérable, et les caisses d'épargne, à elles seules, figurent dans le total pour près de *cent millions*. Nous verrons, dans un instant, la situation générale.

La *Caisse des dépôts et consignations* a l'air, tout d'abord, d'une bonne personne qui reçoit et promet de conserver les fonds qu'on lui dépose, et qui pousse la bonté jusqu'à payer un petit intérêt, 2 ou 3 pour cent, à ses déposants.

Mais, si honnête qu'elle soit, il ne lui est pas défendu, avec les fonds qu'on lui remet, de faire ses petites affaires.

Ces fonds, elle en emploie une partie en rentes sur l'État; une partie en comptes-courants avec le Trésor et les trésoriers généraux ; une partie en avances pour travaux publics; une partie, enfin, en prêts aux départements, aux communes et aux établissements publics, quelquefois même à des particuliers.

Les départements et les communes lui paient l'intérêt à raison de 4 1/2 pour 100. J'ignore ce que lui paient les autres. Mais si je prends une moyenne, je trouve que la Caisse des dépôts et consignations fait, chaque année, un bénéfice de *deux pour cent* sur des fonds qui ne lui appartiennent pas.

Je n'ose pas demander le compte des opérations faites par la Caisse pendant les vingt années de l'Empire, mais ce serait à nos représentants d'accomplir ce devoir.

Ce que je puis dire, c'est qu'au 31 décembre 1845, la Caisse des dépôts et consignations avait reçu, depuis 1816, près d'un *milliard*, soit .... 999.000.362 fr.

Et qu'elle n'avait remboursé que.............. 876.489.325

Ce qui lui faisait un encaisse de.............. 122.511.037 fr.

Je ne conteste en aucune façon, je le répète, l'honorabilité de la Caisse des dépôts et consignations; mais, j'ai le regret de le dire, cette institution de l'État n'est qu'une colossale maison de banque, et les opérations auxquelle elles se livre font obstacle au remboursement, à jour légal, des sommes qui lui sont confiées.

Comment en serait-il autrement ?

A cette échéance du 31 décembre 1845, il était dû à la Caisse, un solde réparti entre plus de *cinquante mille* comptes particutiers.

Elle était créancière, en capital, de............	56.630.128 fr.
Et en intérêt, de.........	8.768.648
En totalité, de...........	65.398.771 fr.

Vous me direz, mes enfants, qu'à partir de 1851, l'intérêt des dépôts faits par les particuliers a été porté de 2 à 3 pour 100. Mais je vous ferai remarquer que ce léger avantage a eu pour but d'appeler une plus grande quantité de versements, et qu'à dater de cette époque les attributions de la Caisse ont été singulièrement étendues.

Encore une fois, je voudrais voir publier par le Gouvernement de la République un bilan complet des opérations du Trésor et de toutes les caisses qui sont placées dans les hautes sphères de l'État.

Je consentirais à laisser la gestion et le service de toutes les pensions au Trésor.

Mais je tiendrais à ce que tous les dépôts volontaires ou forcés fussent faits à la Banque de France, et qu'à moins d'opposition, chaque dépôt litigieux fût délivré sur le vu de l'acquiescement de la partie adverse ou du certificat du greffier du tribunal ou de la cour qui aurait prononcé en dernier ressort.

Avec l'état de choses actuel, on n'en finit jamais avec les formalités et les ajournements. Je ne serais même pas étonné que des créanciers de petites sommes aient mieux aimé renoncer à leurs réclamations que de persister à se faire payer,

J'en appelle au témoignage de tous ceux qui ont eu de l'argent à se faire rembourser par la Caisse des depôts et consignations.

Et ce n'est pas aux employés que je m'en prends, c'est à l'institution elle-même.

La Caisse, dût-elle ne payer aucun intérêt sur les dépôts forcés, rendrait de plus réels services en remboursant instantanément, quand il y aurait lieu, qu'en prêtant à autrui les fonds qu'on lui dépose.

Qu'en retire l'État, après tout? une ressource insignifiante et imperceptible dans les recettes générales.

Il y aurait d'ailleurs un avantage immense, pour les affaires comme pour le commerce, à ce que celui qui fait notoirement une offre insuffisante, ou qui refuse par esprit de chicane une offre raisonnable, fût condamné envers sa partie adverse à de forts dommages et intérêts.

Le créancier devrait être tenu d'accepter sous toutes réserves, sauf à faire statuer pour la différence, la somme qui lui est offerte. Cela mettrait fin à la plupart des procès. On sait, en effet, combien est désastreux pour la partie pauvre tout procès soutenu ou intenté contre un adversaire riche.

Un fait récent devrait servir d'avertissement aux créanciers récalcitrants.

Au mois de janvier 1865, un débiteur fait offre à son créancier d'une somme de 8,350 francs qu'il lui doit.

Le créancier trouve que ce n'est pas assez, il refuse.

La somme est déposée à la Caisse des dépôts et consignations, et l'on plaide.

Pendant ce temps, un autre créancier du débiteur fait opposition sur la somme que l'un offre et que l'autre refuse.

Intervention du premier créancier qui, pour faire tomber l'opposition, signifie qu'il accepte la somme offerte.

La Caisse des dépôts et consignation se frotte les mains et regarde faire les plaideurs.

Ceux-ci sont déjà devant le tribunal de première instance.

Le premier créancier veut la somme tout entière; — le second la veut tout entière aussi.

Le tribunal, se fondant sur la loi, donne gain de cause au premier créancier.

L'autre fait appel.

La Cour aurait pu, toujours en se fondant sur la loi, donner tort à ce premier créancier et raison au second;

Elle aime mieux décider comme Salomon : — elle déclare que les deux plaideurs ont autant de droits l'un que l'autre, et que la somme sera répartie proportionnellement entre eux.

Et chacun d'eux est condamné à payer la moitié des frais.

Supposons que, pendant toute cette procédure, le débiteur ait fait faillite ! Qu'a gagné le premier créancier à faire faire une consignation ?

Et c'est toujours ainsi, avec plus ou moins de préjudice pour les uns et pour les autres, que les choses se passent.

Mais ce que je ne saurais trop répéter, c'est que depuis plus de soixante ans, que des centaines d'articles de lois alimentent constamment, par leur obscurité, des procès identiques, il serait temps de voir nos législateurs introduire un peu de clarté partout où le pour et le contre peuvent être plaidés avec le même succès.

VI

MINISTÈRE DE L'AGRICULTURE

ET DU COMMERCE

Le budget du ministère de l'agriculture et du commerce s'élève à la somme totale de 16,060,300 francs (1), laquelle se divise comme suit :

1. Traitement du ministre et personnel de l'administration centrale..................................	662.400 fr.
2. Matériel et dépenses diverses des bureaux de l'administration centrale........................	89.500
3. Écoles vétérinaires......................	673.000
4. Encouragements à l'agriculture et au drainage; enseignement professionnel................	3.236.000
5. Haras et dépôts d'étalons..................	2.106.800
6. Remonte des haras et encouragements	2.303.000
A reporter......	9.070.700 fr.

(1) Un chiffre tombé de la composition, lors de la mise en pages du premier fascicule, a fait imprimer 1,060,300 francs, au lieu de 16,060,300 francs (voir page 4), mais cela n'a rien changé au total de l'addition, qui est resté exact.

6

Report		9.070.700 fr.
7. Conservatoire et Écoles des arts et métiers		1.408.600
8. Encouragements aux manufactures et au commerce ; publication des brevets d'invention		530.900
9. Encouragements aux pêches maritimes		2.300.000
10. Poids et mesures		1.032.200
11. Entretien des établissements thermaux appartenant à l'État ; subvention aux établissements particuliers d'eaux minérales		228.600
12. Établissements et services sanitaires		379.300
13. Visite annuelle des pharmacies, drogueries, etc.		250.000
14. Secours aux colons de Saint-Domingue, réfugiés de Saint-Pierre et Miquelon et du Canada		450.000
15. Expositions internationales :		
1° Exposition de Londres	300.000	350.000 fr.
2° Exposition de Vienne	50.000	
16. Ravitaillement de Paris		60.000
		16.060.300 fr.

Je ne veux point, mes enfants, chicaner sur le chiffre total du budget de ce ministère.

L'agriculture et le commerce jouent un trop grand rôle dans l'alimentation et la richesse de notre pays, pour que ce chiffre, loin d'être exagéré, ne soit pas, au contraire, inférieur à la somme qu'il devrait représenter.

Ce que je critique, c'est le luxe d'administration déployé par le ministère de l'agriculture et du commerce.

Car ce ministère n'est pas un ministère, c'est un bureau.

A ce titre, il dépense le double de ce qu'il devrait dépenser.

Examinons-le, chapitre par chapitre.

CHAPITRES I ET II.

Toujours le personnel et le matériel des bureaux, représentant une dépense de 751,900 francs.

Mais nous avons de tous les côtés des maisons de commerce, qui réalisent pour *cent millions* d'affaires, et qui ne font pas le quart de cette dépense !

Il faudrait pourtant s'habituer à compter avec les contribuables!

Que l'on ait fait bon marché des deniers de la France, alors qu'on lui tenait le couteau sur la gorge, après l'avoir surprise traîtreusement pendant la nuit, cela se conçoit, c'était la morale de ce règne.

Mais aujourd'hui !

Mais en République !

Non, non, mille fois non !

C'est au gouvernement républicain à faire justice d'une situation violemment imposée, et à supprimer tous les gros traitements qui sont nés de ce monstrueux état de choses.

CHAPITRE III.

673,000 francs pour les écoles vétérinaires !

Voulez-vous les connaître, les écoles vétérinaires?

Il y en a trois :

Une à Alfort qui compte........................	276	éleves.
Une à Lyon................................	170	—
Une à Toulouse.............................	238	—
Total..............	684	élèves.

Et ces 684 élèves reviennent à 673,000 francs!

Mais que l'on donne donc la moitié de cette somme à des institutions privées, à titre de subvention, et l'on aura deux fois plus de vétérinaires qui seront deux fois plus instruits !

Car, n'oubliez pas que, d'après le décret du 6 juillet 1863, la pension payée par les élèves des écoles vétérinaires s'élève déjà à 450 francs par élève !

CHAPITRE IV.

Ce chapitre n'est pas le moindre, car il nous revient à 3 millions 236,000 francs.

Entrons dans les détails :

Il y a, en France, trois grandes écoles spéciales d'agriculture :

1° Celle de Grignon, par Neauphle-le-Château (Seine-et-Oise);

2° Celle de Grand-Jouan, par Nozay (Loire-Inférieure);

3° Celle de la Saulsaie, par Montluel (Ain).

Cette dernière école est transférée à Montpellier.

L'excellent *Dictionnaire général d'administration*, publié par M. Paul Dupont, nous fait connaître les conditions d'admission à ces écoles.

Quiconque désire y entrer, doit adresser sa demande au préfet de son département. Cette demande doit être parvenue au plus tard le 15 septembre, avec les pièces suivantes :

1° L'acte de naissance du candidat;

2° Un certificat du maire de sa résidence, constatant qu'il est de bonnes vie et mœurs;

3° Un certificat d'un médecin, chirurgien ou officier de santé, attestant que le pétitionnaire a été vacciné ou qu'il a eu la petite vérole;

4° Une obligation souscrite, sur papier timbré, par les parents, le tuteur ou le protecteur du candidat, pour garantir le paiement, par trimestre et *d'avance*, de sa pension, pendant toute la durée de son séjour à l'École. Cette obligation doit être rédigée ainsi qu'il suit :

« Je soussigné....

« M'engage à payer, par trimestre et d'avance, la pension de....

« A l'École d'agriculture de....

« A raison de *sept cent cinquante francs* par an, pendant tout le « temps qu'il passera à cet établissement.

« Fait à.... le.... »

D'après les explications fournies par le budget lui-même, Grignon et Grand-Jouan seulement ont pu recevoir des élèves cette année.

Grignon en a reçu 68 et Grand-Jouan 19; total, 87.

Pour ces 87 élèves, fournissant chacun une pension de 750 francs, l'État inscrit à son budget une somme de 607,600 fr., ci. 607.600 fr.

Retranchons de cette somme, selon les prévisions du budget : pour pensions................ 70.000 fr.
pour produits divers.......... 14.800
Soit............ 84.800

Il reste encore à la charge de l'État............. 522.800 fr.

Ce qui porte les frais de revient, pour chaque élève, à près de 7,000 francs par an.

Je n'insiste pas sur ce chiffre.

Mais je demande plus que jamais à l'État de ne pas se faire professeur d'agriculture. D'abord, il n'y entend rien ; et, ensuite, il fait trop bon marché de notre argent.

Je ne serais pas fâché cependant de connaître les merveilles agricoles réalisées par ses élèves.

Je veux bien passer sur les frais des 47 fermes-écoles et sur les frais d'entretien des bergeries jadis impériales, car je me fatigue à critiquer.

Mais je ne puis pourtant pas prendre au sérieux cet enseignement agricole, professé par des savants très estimables sans doute, mais qui, assurément, n'ont jamais fait de l'agriculture à leurs frais.

Je n'en veux pour preuve que le *drainage*, auquel ce budget accorde une subvention.

Vous ne savez peut-être pas, mes enfants, ce que c'est que le *drainage*.

Et cependant il était déjà pratiqué du temps des Romains, et vous-mêmes vous le pratiquez tous les jours.

Le système de *drainage* actuel est emprunté à l'Angleterre.

Et l'Angleterre ne l'a inventé et pratiqué, à grands frais, que parce qu'elle ne possédait pas les moyens gratuits que nous avons chez nous.

N'importe !

Du moment que le gouvernement français tenait à augmenter son armée de fonctionnaires et à fourrer sa science officielle partout, même dans la pratique agricole, il fallait bien substituer au roturier drainage de nos pères, un système perfectionné qui pût figurer dans les expositions publiques.

Le *drainage*, mes enfants, consiste à débarrasser les terres de toutes les eaux stagnantes qui nuisent à la réussite ou à l'épanouissement de leurs cultures.

Qu'avons-nous fait, nous autres paysans, pour atteindre ce résultat, depuis que la terre existe ?

Nous avons procédé de deux façons :

La première, en nous débarrassant momentanément des eaux, pour les utiliser ensuite ;

La seconde, en les conservant et en les faisant tourner à notre profit.

Vous savez tous comment la chose se pratique.

Dans le premier cas, vous creusez de profondes rigoles au fond desquelles vous jetez toutes les pierres qui vous gênent, ou à, défaut de pierre, des fascines, et vous ramenez votre terre dessus. Ces rigoles conduisent les eaux à des fossés ou à des canaux, où vous les conservez avec soin pour le moment des irrigations.

Dans le second cas, c'est-à-dire quand l'eau ne submerge pas, mais séjourne entre la superficie de votre terrain et un sous-sol argileux, vous alternez, par séries de quatre ou cinq années, entre la culture en blé et la culture en prairie. Dès que la prairie laisse à désirer, vous écobuez et vous semez du froment. Quand le blé cesse de prospérer à son tour, et même avant, vous revenez à la prairie, et ainsi de suite. Ce n'est que dans ces terres que vous voyez des froments de deux mètres de haut et des fourrages inépuisables. Et ces terres ne vous demandent ni fumiers ni engrais !

Allez donc y jeter à grands frais des kilomètres de tuyaux de drainage ! vous verrez quelles récoltes il en sortira. Elles ne seront pas lourdes à enlever.

Oh ! l'agriculture officielle ! *l'agriculture en chambre !* comme on dit à Paris.

CHAPITRES V ET VI.

Les haras, les dépôts d'étalons, la remonte des haras, nous reviennent, ainsi que je vous l'ai dit en commençant, à 4,409,800 francs.

Avec la moitié ou le tiers de cette somme, on pourrait faire grandement les choses; mais ici encore il faudrait laisser opérer l'industrie privée, tout en lui aidant.

Je ne sais quelles sont les conditions requises pour être nommé inspecteur des haras ou directeur de dépôt d'étalons; c'est sans doute comme pour être préfet, c'est-à-dire sans condition d'études préalables.

Il existait précédemment une école, placée au haras du Pin. Si aristocratiquement qu'elle fût constituée, elle ne parut pas l'être encore assez, puisque l'Empire la supprima. Cette école ne recevait que vingt élèves, et n'étaient admis à l'examen pour y entrer que ceux qui avaient obtenu l'autorisation du ministre.

L'Empire trouva plus simple et plus expéditif de conférer l'instruction et les connaissances hippiques par décret, et de placer dans les haras, comme ailleurs, les compagnons de sa fortune.

Sans compter l'achat, la nourriture, la ferrure, etc., chaque étalon nous revient à mille francs environ par tête.

Le personnel des haras se compose de :

6 inspecteurs généraux appointés, sans compter les frais de tournées, de 7,500 à 9,000 francs.
23 directeurs de dépôt, de 4,000 à 6,000 fr.
23 sous-directeurs, agents comptables, de 2,200 à 3,000 francs.
22 vétérinaires, de 1,000 à 3,000 francs.
18 stagiaires, à 1,500 francs.
22 adjudant et brigadiers chefs, à 1,600 et à 1,300 francs.
47 brigadiers, à 1,100 francs.
328 palefreniers, à 900 et 1,000 francs.

489 hommes pour 1,077 étalons.

Il existe deux haras : Le Pin et Pompadour.

Les dépôts d'étalons sont établis à Abbeville, Angers, La Roche-sur-

Yon, Saint-Lô, Tarbes (1re classe); Blois, Cluny, Langonnet, Rosières Saint-Maixent, Villeneuve-sur-Lot (2e classe); Arles, Aurillac, Braisne, Jussey, Lamballe, Libourne, Montiérender et Rodez (3e classe).

Je viens de vous dire, mes enfants, que le gouvernement devrait se contenter d'encourager l'industrie privée et ne pas se faire à grands frais fournisseur d'étalons.

Ce serait d'autant plus facile, que ce moyen existe déjà dans la pratique.

Déjà, tout propriétaire possédant un étalon capable de donner de bons produits, le fait accepter par un inspecteur général, et le ministre approuve.

Le cheval pur sang doit avoir la taille de 1m49 et les autres de 1m55.

L'approbation est accordée pour cinq années; elle peut être prolongée ou retirée en cas de maladie.

Le tarif appliqué aux étalons particuliers est établi ainsi :

Étalon pur sang, de 500 francs à 1,200 francs.
— demi-sang, de 300 francs à 600 francs.
— de gros trait, de 100 francs à 300 francs.

Comme vous le voyez, mes enfants, mon système est organisé d'avance ; il ne s'agit que de supprimer l'institution officielle.

Ce qu'il faudrait supprimer aussi, — de notre budget du moins, — ce sont les 500,000 francs affectés aux courses.

On se donne beaucoup de mal pour obtenir de beaux et bons chevaux, et immédiatement on institue le moyen de les détériorer.

Car les courses améliorent la race chevaline comme les combats de coqs améliorent la race des gallinacés.

Les courses de chevaux sont la plaie de notre agriculture.

Qu'on les conserve comme jeux publics, je le veux bien ; que les départements les encouragent dans l'intérêt des diverses contrées que l'affuence des curieux enrichit périodiquement ; mais qu'on ne détourne pas un seul cheval utile de sa destination agricole ou militaire.

Quand vous aurez quelques instants de loisir, mes enfants, et que vous voudrez apprendre en vous amusant à quoi peut servir un cheval de course, lisez *Cincinnatus Fenouillet à la recherche du progrès agricole*, un livre plein d'esprit, écrit par un agriculteur titré, et surtout désillusionné.

Vous y verrez en même temps les beaux résultats de l'agriculture officielle.

CHAPITRE VII.

Le *Conservatoire des arts et métiers*, quoique administré d'après les principes des gros traitements, ne nous revient, en frais d'administration, d'enseignement et d'achat de collections, qu'à 294,000 fr. C'est une dépense presque insignifiante après toutes celles que nous venons de traverser.

Et pourtant cette institution est autrement utile que les courses plates, les steeple-chases et les tuyaux de drainage.

Institué par une loi du 19 vendémiaire an III, le Conservatoire des arts et métiers eut sa destination bien déterminée dès le premier jour.

« Il sera formé à Paris, dit cette loi, sous le nom de *Conservatoire des arts et métiers*, et sous l'inspiration de la Commission d'agriculture et des arts, un dépôt de machines, modèles, outils, dessins, descriptions et livres dans tous les genres d'arts et métiers. L'original des instruments et machines inventés ou perfectionnés, sera déposé au Conservatoire. On y expliquera la construction et l'emploi des outils et machines utiles aux arts et métiers. »

La première collection réunie au Conservatoire fut fort restreinte, mais de véritables richesses ne tardèrent pas à s'y accumuler. C'est aujourd'hui un des plus curieux musées de l'Europe.

Il s'y fait un cours public de géométrie et de mécanique appliquées aux arts, d'économie industrielle, de physique et de démonstration des machines, d'agriculture, de mécanique industrielle, de géométrie descriptive, de législation industrielle, de chimie appliquées aux arts.

On y donne les descriptions, dessins, échantillons et modèles déposés au ministère du commerce par les inventeurs, dès que les inventions sont tombées dans le domaine public.

Le dernier empire a cherché à désorganiser là, comme ailleurs, mais l'institution, quoique qualifiée tout à coup d'*impériale*, a résisté.

Nous trouvons, sous ce même chapitre, *les Écoles d'arts et métiers*, non moins intéressantes.

Ces Écoles sont au nombre de trois : la première à Châlons, la deuxième à Angers, la troisième à Aix.

Elles figurent au budget pour une dépense totale de 1,408,600 francs.

Chacune d'elles est installée pour trois cents élèves.

Le prix de la pension est de 600 francs, mais des bourses entières ou des fractions de bourse sont accordées aux élèves qui en sont jugés dignes par leurs aptitudes et leur position de famille.

Les candidats doivent être âgés de 15 à 17 ans à l'époque de l'entrée à l'école, c'est-à-dire au 1er octobre de l'année où ils se présentent.

Leur demande est faite, avant le 8 mai, au secrétariat de la préfecture de leur département et appuyée des pièces suivantes :

1° Extrait de leur acte de naissance ;

2° Certificat de vaccination ;

3° Certificat de médecin, constatant la bonne constituton du postulant et qu'il n'est atteint d'aucune maladie scrofuleuse ;

4° Certificat justifiant de son apprentissage, délivré par le maître chez lequel il l'a fait, et certifié par le maire de la commune où il s'est accompli ;

5° Certificat de bonnes vie et mœurs, délivré par l'instituteur ou l'autorité locale ;

6° Une déclaration certifiée par le maire ou le commissaire de police et indiquant le domicile des parents, leur profession, le nombre de leurs enfants, leur état de fortune et les titres que peuvent avoir les candidats à la *bienveillanee particulière* du gouvernement ;

7° Engagement sur papier timbré, par lequel le père ou la mère, ou le tuteur, s'oblige à acquitter le prix de la pension en totalité, ou seulement dans la limite des trois quarts, de la moitié ou du quart, ainsi que le prix du trousseau, et une somme de 50 francs, destinée à subvenir à l'entretien de l'élève. Cet engagement, dont la signature doit être légalisée, se termine ainsi :

« A défaut du paiement (de la pension, ou des trois quarts de la « pension, ou de la demi-pension, ou du quart de la pension) aux épo-

« ques fixées par les règlements, je déclare me soumettre à ce que le « règlement en soit poursuivi par voie de contrainte administrative, « décernée par le ministre des finances, suivant les droits qui lui sont « conférés par les lois des 11 vendémiaire et 18 ventôse an VIII. »

Les candidats sont soumis à deux examens avant d'être définitivement inscrits sur les registres de l'École, l'un au moment de leur demande, l'autre, à l'école même aussitôt leur arrivée.

Chaque examen porte sur la lecture, l'écriture, l'orthographe, la pratique et la démonstration des quatre premières règles de l'arithmétique, les fractions et le système décimal inclusivement, les premiers éléments de géométrie, jusques et y compris tout ce qui concerne les surfaces planes : les principes du dessin linéaire ou d'ornement; la pratique du métier dans lequel chaque candidat a fait son apprentissage.

Indépendamment de l'examen oral, les candidats doivent faire, sous les yeux du jury d'examen, une dictée, deux problèmes d'arithmétique, deux problèmes de géométrie et un dessin linéaire ou d'ornement.

Retenez bien tous ces détails, mes enfants, car les écoles d'arts et métiers sont appelées à jouer un grand rôle désormais dans notre état social, et doivent concourir puissamment à l'apaisement de nos passions politiques.

Le jury d'examen dresse la liste d'admissibilité par ordre de mérite. Cette liste est transmise au ministre par le préfet. Les bourses vacantes affectées aux départements et celles à la nomination du ministre, ne peuvent être accordées qu'aux seuls candidats reconnus admissibles par le jury. Les bourses départementales appartiennent de droit aux candidats, dans l'ordre de leur inscription. Les autres bourses sont accordées, en tenant compte tout à la fois du rang d'admissibilité, de l'âge, des services rendus *au pays* par la famille du candidat et de sa position de fortune.

Je me contente de souligner les expressions qui ont le plus prêté jusqu'ici à l'interprétation, par leur élasticité.

La durée des études, dans les écoles d'arts et métiers, est de trois ans.

Il y a quatre ateliers dans chacune des trois écoles : forges, fonderies et moulages divers; ajustage et serrurerie, tours; modèles et menuiserie. Les élèves sont, autant que possible, classés, à leur entrée, dans ceux des ateliers qui se rapprochent davantage de l'art ou métier dans lequel ils ont fait une année d'apprentissage.

Je n'ai pas besoin de vous dire, vous le savez, mes enfants, que l'élève qui sort de l'École des arts et métiers est considéré, à bon droit, comme un maître et que son avenir est assuré.

Mais nous n'avons que ces trois écoles pour former des ouvriers et produire seulement trois cents ouvriers par an ; ce n'est pas assez.

Ce n'est pas assez pour le progrès de l'art. Ce n'est pas assez pour pratiquer avec sécurité notre système d'égalité sociale.

Vous autres, mes enfants, vous avez besoin de vous émanciper un peu. Vous avez besoin de vous mettre dans l'idée que le maître du château n'appartient pas à une espèce supérieure à la vôtre, et que vous avez le droit d'avoir vos préférences comme il a les siennes.

Vous lui devez des politesses et des égards comme à tout le monde, mais vous ne devez plus lui obéir.

Votre défaut, et c'en est un, c'est de ne pas assez connaître et pratiquer en toute liberté vos droits de citoyens.

L'ouvrier n'a pas votre défaut, mais il a le défaut contraire.

Tant il est vrai que l'ignorance est la seule ennemie en ce moment qui paralyse les aspirations de notre pauvre France.

Ouvriers des champs, ouvriers des villes, nous sommes tous des ignorants !

Et des ignorants qui tenons en main le gouvernail du navire qui porte les destinées de la patrie saignante !

Oh ! qu'ils savaient bien ce qu'ils faisaient ceux qui parlaient, prêchaient et agissaient pour nous maintenir dans l'ignorance !

Ils ne gouverneront jamais, disaient-ils, parce qu'ils ne sauront et n'oseront jamais gouverner.

Malheureusement pour eux, l'esprit humain est borné et ils s'en aperçoivent bien maintenant.

Quand la débâcle des vieilleries gouvernementales est arrivée, les ouvriers des champs se sont, il est vrai, cramponnés fatalement au rivage. Mais les ouvriers des villes ont lancé, non moins fatalement, à la mer, le navire sans boussole.

C'est à quoi les vieux monarchistes et les vieux cléricaux ne s'étaient pas attendus.

Ont-ils compris le péril? Ont-ils cherché à le conjurer? Non! Périsse plutôt la France que leur despotisme insensé!

C'est donc à nous, pauvres déshérités de la culture intellectuelle, à chercher notre chemin.

Dans le doute, prenons le chemin que nos adversaires nous signalent comme étant le mauvais. Le bon nous ramènerait au précipice.

Mais éclairons notre route par l'instruction, au lieu d'aller demander notre direction au château ou au presbytère.

Quant à nous, ouvriers des champs, notre instruction se fera par la force des choses, et nous serons poussés à nous instruire par l'amertume de nos désillusions.

Il n'en sera pas de même pour les ouvriers des villes. Ils ne sortiront pas de l'ornière si la loi ne vient pas à leur secours.

Que fait-on pour eux aujourd'hui? Enfants, on les envoie à des écoles congréganistes, où ils apprennent très peu à lire et à écrire, mais où en revanche on leur enseigne des pratiques religieuses qu'ils ne comprennent pas. Adultes, on les met en apprentissage, c'est-à-dire au service d'un ouvrier qu'ils regardent travailler et dont ils bourrent la pipe. Quand leur temps d'apprentissage est fini, ils deviennent compagnons, eux aussi, et reçoivent un apprenti pour les servir. — Ils ont obéi; ils commandent à leur tour : qu'est-ce que la société a à leur dire?

Si, de l'éducation religieuse ils sont passés à l'éducation athée ou cynique, à qui la faute, si ce n'est à la société?

Et quand, parias de la société, ils se révoltent contre elle et exercent de terribles représailles, la société a-t-elle donc le droit d'en mettre toute la responsabilité sur leurs têtes et de se draper dans sa vertu!

Non, mes enfants, ce n'est pas en poussant à des pèlerinages à Lourdes ou ailleurs, que l'on répandra la charité, la fraternité et l'amour du travail qui vivifie.

C'est en mettant la fortune de l'Etat, la fortune de la France, et dans des proportions convenables, au service des déshérités.

Revenons aux écoles d'arts et métiers pour démontrer que le remède est facile à trouver.

Lorsque, en dernier lieu, ces écoles ont été organisées, voici quel était le budget de chacune d'elles :

Un directeur aux appointements de	5.000 fr.
Un ingénieur chargé des travaux	3.000
Un agent comptable	2.200
Un économe	1.500
Un professeur de mécanique	2.000
Deux professeurs de mathématiques, à 1,800 francs	3.600
Trois professeurs de dessin, à 1,800 francs	5.400
Un maître de grammaire, bibliothécaire	1.200
Un maître d'écriture	1.000
Un chef d'ajustage	2.000
Un chef d'ajustage, un chef des forges, un chef des tours et modèles, à 2,000 francs chacun	6.000
Cinq sous-chefs d'ajustage, un sous-chef de la fonderie, un sous-chef des forges et un sous-chef des tours et modèles, à 1,500 francs chacun	12.000
Total	44.900 fr.

Avec ce budget, chaque école marchait à merveille, et les élèves que l'on y instruisait n'étaient pas moins capables que ceux qui en sortent aujourd'hui.

Pourquoi ces dépenses ont-elles été exagérées? Pourquoi s'élèvent-elles en ce moment à 144,000 francs pour Châlons, à 135,000 francs pour Angers, à 130,000 francs pour Aix?

Naturellement, il a fallu introduire, là encore, un personnel d'administration bien rétribué.

Reprenons le budget tel qu'il devrait être.

Enseignement	44.900 fr.
Nourriture et infirmerie	90.500
Trousseau, entretien et renouvellement	26.500
Masse de petit équipement, chaussure	11.100
Chauffage et éclairage	15.300
Dépenses administratives	17.000
A reporter	205.300 fr.

Report............	205.300 fr.
Ajoutons, afin d'avoir un compte rond, une somme pour frais supplémentaires d'administration	14.700
Total...............	220.000 fr.

En calculant sur ces bases, qui sont les véritables, nous économisons plus de 140,000 francs sur les dépenses actuelles.

Il est vrai que je laisse à la charge du département 22,000 francs pour frais d'entretien des bâtiments, et à la charge des produits intérieurs, 40,000 francs environ pour achat de matières premières.

Ces matières premières, dans nos écoles, coûtent plus cher, à l'étabrut, qu'elles ne se vendent lorsqu'elles sont travaillées. Je lis en effet : Matériel, main-d'œuvre, achat de matières premières, 47,630 francs à Châlons, 46,570 francs à Angers, et 24,700 francs à Aix ; — et je retrouve aux recettes : produit de la vente des objets fabriqués dans les ateliers et autres objets, 24,000 francs en moyenne, par chaque école.

Faire travailler trois cents élèves pendant une année entière à la fabrication d'objets ou d'instruments perfectionnés, et ne pas retirer du produit de la vente de ces objets de quoi payer le prix de la matière première qui a servi à les faire, me semble le plus magnifique résultat obtenu par le *fonctionnarisme.*

Si cela me regardait, mes enfants, voici ce que je ferais :

Les familles des élèves paient à chaque école environ 80,000 francs par an, ci....................................	80.000 fr.
Eh bien, je ferais produire à chaque élève, tout en l'instruisant, au moins trois francs par jours (ce n'est certes pas la moitié de ce que produit un bon ouvrier ordinaire), soit pour 300 jours de travail dans l'année...	270.000 fr.
Total................	350 000 fr.
Retranchant de cette somme les frais d'administration et d'enseignement................................	220.000
Il me resterait un bénéfice annuel de.............	130.000 fr.

Je mettrais 30,000 francs en réserve comme fonds de prévoyance, et je donnerais le surplus, c'est-à-dire cent mille francs, aux élèves sortants; en d'autres termes, mille francs à chacun pour l'aider à s'établir à la sortie de l'École.

De cette façon, rien ne serait plus facile que d'avoir une École d'arts et métiers par département, et de traiter nos ouvriers comme l'on traite nos fils de famille qui peuvent acquérir, comme complément d'éducation, le doctorat ou la licence.

Je n'ai pas besoin de vous énumérer, mes enfants, les avantages qui résulteraient de cette institution.

Nos ouvriers deviendraient les premiers ouvriers du monde; ils sont organisés pour cela.

Leur imagination, éclairée par la science, aimerait à planer dans les régions élevées.

Nous n'aurions plus l'ignorance qui décourage par sa stérilité, ni l'amour du cabaret, qui prend naissance dans le désœuvrement moral.

Mais nous aurions une génération active, laborieuse et puissante, qui prendrait noblement sa place dans la direction des affaires de l'État, et qui rendrait à nos mœurs cette féconde virilité, étiolée sous le soleil factice de l'Empire.

Je passe sur les chapitres suivants de ce budget, dont je vous ai donné les chiffres en commençant. Je réserve seulement le chapitre XVI, intitulé *Ravitaillement de Paris*, pour en causer avec vous à l'une de nos prochaines séances.

VII

MINISTÈRE
DES AFFAIRES ÉTRANGÈRES

Si jamais ministère a été mal conçu et mal organisé, c'est celui-ci.

Jamais l'aberration humaine n'a atteint cet apogée.

Examinons les chiffres d'abord; nous jugerons après des institutions.

Il semblerait, à tout prendre, qu'un ministère qui ne coûte que 12,484,500 francs, est un ministère d'un bon marché excessif.

Vous allez voir, mes enfants, que c'est tout le contraire :

1. Administration centrale : Traitement du ministre et du personnel	673.700 fr.
2. Matériel de l'administration centrale	250.000
3. Traitement des agents politiques et consulaires	6.685.900
4. Traitement des agents en inactivité	190.000
5. Frais d'établissement	350.000
6. Frais de voyages et de courriers	700.000
7. Frais de service	1.904.900
8. Présents diplomatiques	60.000
9. Indemnités et secours	112.500
A reporter	10.927.000 fr.

Report	10.927.000 fr.
10. Dépenses secrètes........................	500.000
11. Missions et dépenses extraordinaires, dépenses imprévues..............................	610.500
12. Frais de location et charges accessoires de l'hôtel affecté à la résidence de l'ambassade ottomane	52.000
13. Subvention à l'émir Ab-el-Kader	120.000
14. Subvention au fonds commun des chancelleries consulaires	200.000
17. Frais de restauration de l'église Sainte-Anne, à Jérusalem.............................	75.000
	12.484.500 fr.

Examinons un peu chacun de ces chapitres.

CHAPITRE PREMIER.

Traitement du ministre et personnel de l'administration centrale.

Le ministre recevait, sous l'Empire, 100,000 francs de traitement et 30,000 francs pour frais de représentation. Le traitement a été réduit à 60,000 francs, et les frais de représentation ont été supprimés. Mais cela ne suffit pas.

Traitement des bureaux.

C'est ici que les divisions, subdivisions et traitements s'épanouissent :

Cabinet du ministre et secrétariat	113.300 fr.
Direction des affaires politiques et du contentieux....	146.500
Direction des consulats et affaires commerciales.....	106.100
Direction des archives et de la chancellerie, des fonds et de la comptabilité	154.900
Un secrétaire des commissions..................	11.000
A reporter..........	531.800 fr.

Report.............	531.800 fr.
Un médecin....................................	1.500
Gratifications	2.400
Service intérieur...............................	8.000
Serviteurs ou domestiques	70.000
	613.700 fr.

Je ne trouve pas que le médecin soit trop payé, ni que les gratifications soient exagérées; mais que fait-il là, ce médecin?

CHAPITRE II.

Il faut entretenir l'hôtel et les bureaux, chauffer et éclairer le tout, une bagatelle .... 250.000 fr.

CHAPITRE III.

Voici venir les grands politiques, les ambassadeurs et ministres plénipotentiaires, tous hommes éminents qui nous représentent auprès des gouvernements étrangers, et nous tiennent au courant de la politique et des forces militaires des nations auprès desquelles ils sont accrédités.

Découvrez-vous, mes enfants, et saluez ces chiffres :

Ambassadeurs et ministres plénipotentiaires à

Berlin	140.000 fr.
Berne.......................................	60.000
Bruxelles...................................	70.000
Constantinople..............................	120.000
Florence....................................	100.000
Londres.....................................	250.000
Madrid......................................	140.000
Rome papale.................................	120.000
Saint-Pétersbourg...........................	275.000
A reporter.......	1.275.000 fr.

Report...........	1.275.000 fr.
Vienne..................................	180.000
Athènes.................................	60.000
Buénos-Ayres............................	70.000
Copenhague	50.000
Dresde..................................	50.000
La Haye.................................	70.000
Lima....................................	50.000
Lisbonne	60.000
Munich..................................	60.000
Pékin	100.000
Rio de Janeiro	80.000
Santiago du Chili.......................	50.000
Stockholm...............................	50.000
Stuttgard	50.000
Tanger..................................	32.000
Téhéran.................................	72.000
Washington	90.000
Yokohama (Yeddo)........................	90.000
Un auditeur de rote à Rome..............	20.000
Total...........	2.559.000 fr.
A quoi il faut ajouter les émoluments de messieurs les secrétaires, soit..........................	566.000
En tout..........	3.125.000 fr.

Tous ces grands personnages s'occupant presque exclusivement de politique, où ils sont de première force, comme chacun sait, il était nécessaire de leur enlever le souci des affaires moins importantes.

A cet effet, on a créé des consuls généraux, des consuls, des vice-consuls, des élèves consuls, ainsi que des drogmans et autres interprètes.

35 consuls généraux nous coûtent	1.129.000 fr.
95 consuls....................................	1.761.000
38 vice-consuls	269.600
A reporter.............	3.159.600 fr.

Report...............	3.159.600 fr.
15 élèves consuls............................	45.000
4 interprètes à Paris	28.000
38 dans le Levant............................	252.000
2 en Perse................................	16.000
13 en Chine..................................	97.500
Autres agents................................	53.000
Total...............	3.651.100 fr.

CHAPITRE IV.

Les 190,000 francs inscrits à ce chapitre, nous apprennent que la profession d'homme politique s'exerce même quand le titulaire est sans emploi.

Je ne désespère pas de voir les préfets en disponibilité recevoir également un traitement. Déjà sous l'Empire, on pensionnait les infirmités contractées dans l'exercice des fonctions préfectorales. J'ai même entendu dire qu'un ancien préfet avait reçu une pension pour infirmités contractées en sautant, la nuit, de la fenêtre d'une dame dont le mari rentrait inopinément. Mais la vérité est que ce préfet s'était blessé en escaladant un mur garni de tessons de bouteilles. Il était si bien dans l'exercice de ses fonctions, qu'il fuyait devant ses administrés qui voulaient lui faire un mauvais parti.

On m'en a cité un autre qui avait si souvent changé d'opinions, que ce mouvement de girouette lui avait laissé un tic nerveux. C'était également une infirmité contractée dans l'exercice de ses fonctions.

CHAPITRE VI.

Je regrette de ne pas avoir le détail des frais de voyages et de courriers de messieurs les diplomates; ce détail serait assurément très curieux à connaître, mais il faut nous contenter des chiffres que voici :

Voyages d'agents...........................	400.000 fr.
Appointements de huit courriers de cabinet, à 1,500 francs................................	12.000
Appointements d'un courrier-facteur brigadier......	1.700
Appointements de dix courriers-facteurs, de 1,300 à 1,500 francs................................	14.300
Estafettes et courses diverses.....................	272.000
Total............	700.000 fr.

Si, après cela, la France ignore ce qui se passe chez les nations étrangères, c'est qu'elle y met de la mauvaise volonté.

CHAPITRE VII

Mais nous n'avons fait encore qu'effleurer le chiffre des dépenses accessoires. Voyez plutôt :

Frais généraux de correspondance : ports de lettres, dépêches télégraphiques, messagers, voitures, bateaux..........	535.000 fr.
Entretien, redevances, réparations et gardiens des palais, hôtels, bâtiments et mobiliers appartenant à la France en pays étrangers......................	145.000
Gardes, janissaires, loyers de prisons, frais de justice....................................	64.000
Établissement et entretien de pavillons et écussons aux armes de France..........................	11.000
Allocations à divers agents et employés auxiliaires.	94.000
Journaux, brochures, traductions, documents, renseignements................................	66.000
Dépenses matérielles de diverse nature,..........	17.000
Frais de culte, secours aux évêques et aux chrétiens en Orient, et à divers établissements religieux..	320.000
Secours et aumônes à des Français indigents et à	
A reporter........	1.252.000 fr.

Report...........	1.252.000 fr.
des protégés français, *hôpitaux*, *prisons* et établissements de bienfaisance...........................	200.000
Indemnités de *table* et de logement à divers agents.	75.000
Étrennes, frais de visites.........................	90.000
Dépenses accidentelles	50.000
Allocations à des sous-agents consulaires.........	213.900
Frais de recouvrement et avances faites par les agents	24.000
Total (presque *deux millions*)........	1.904.900 fr.

Vous voyez que les *sept cent mille francs* de frais de voyages des agents et des courriers ne suffisent pas, et que ce chapitre y ajoute encore plus de *cinq cent mille francs.*

Est-ce pour nos hôtels de Londres et de Berlin qu'il faut 145,000 fr. de frais d'entretien ?

Il me semblait, en voyant les gros traitements de nos représentants à l'étranger, que cela devait leur suffire ; mais il paraît que non, qu'il faut encore leur payer des serviteurs, des employés auxiliaires, etc.

Je vous disais, mes enfants, en parlant du budget des cultes, que je ne voudrais pas mettre les frais du culte à la charge de l'État. A plus forte raison supprimerais-je ces mêmes frais à l'étranger.

Comment vivre en paix avec les nations intolérantes ? Comment jouir des bienfaits d'un riche commerce avec ces nations, si nous allons justement arborer chez elles l'étendard dont la vue les irrite le plus, l'étendard de notre culte ?

Pourquoi la religion de ces peuples arriérés ne les pousserait-elle pas au massacre contre nos compatriotes, quand, en pleine France, nous avons eu le massacre de la Saint-Barthélemy ?

Pourquoi, alors, ces 320,000 francs pour des évêques et des établissements religieux en Orient ?

C'est bien mieux encore pour la Chine. Une annexe du budget nous apprend qu'au 1er janvier 1870, sur une recette de 8,708,500 francs pour indemnité de guerre, il avait été alloué 2,364,000 francs, c'est-à-dire plus du quart de la somme, aux congrégations religieuses, sans compter 100,000 francs accordés à l'évêque ou archevêque de Canton pour l'achèvement d'une cathédrale.

Un fait en passant, pour vous montrer, mes enfants, le cas que faisait l'Empire de nos humbles personnes.

Une somme de 1,500,000 francs devait être prélevée sur l'indemnité chinoise, pour récompenser les militaires et les parents des militaires ayant fait partie de l'expédition de Chine. Ce n'était que justice, puisque *cent vingt mille francs* étaient distribués aux familles des *quatre* missionnaires massacrés.

Or, voici comment l'indemnité tourna :

Le général comte de Palikao, celui-là même qui, au début de la guerre, montait si souvent à la tribune pour dire que nous battions les Prussiens, reçut ou s'attribua une modeste somme de 589,500 francs.

Quant au surplus, on fut d'avis que les militaires ou leurs parents pourraient parfaitement s'en passer. On l'employa à l'organisation de nos établissements civils et *religieux*.

Il paraît que les établissements religieux, qui déjà avaient été gratifiés de 2,364,000 francs, n'en avaient pas reçu assez.

Si nous voulons établir de bonnes et solides relations internationales, gardons-nous, avant toutes chose, de heurter les croyances des peuples dont nous recherchons l'amitié.

Les croyances et la foi des autres peuples sont aussi ardentes que les nôtres, et il n'est pas démontré jusqu'ici qu'une religion quelconque soit exclusivement en possession de la vérité.

Pourquoi, dès lors, aller mettre notre pays en guerre pour des choses religieuses ?

Si, au lieu d'envoyer en Chine des missionnaires qui entreprenaient de faire le salut des petits Chinois, comme à Rome on a fait le salut du petit Mortara, nous y avions expédié des savants et des industriels, la France n'eût jamais été appelée à faire cette guerre lointaine où tant de nos braves et malheureux compatriotes ont trouvé la mort.

Nos savants eussent accompli, dans ce riche pays, tant de miracles, que la Chine se fût mise à nos pieds, et eût d'elle-même offert un très haut prix à notre alliance.

C'est, en effet, par les miracles, mais par les miracles vrais, que l'on arrive à dominer les nations ignorantes.

La Chine qui, à un moment donné, a rayonné sur le monde, s'est endormie dans sa prospérité, comme la Rome du *panem et circenses*, comme la France du second Empire. — Si la France d'aujourd'hui ne puisait pas, dans ses derniers revers, la force de se régénérer, elle tomberait plus bas que la Chine, car elle n'aurait pas son isolement pour la protéger.

Prenez, mes enfants, les unes après les autres, toutes les nations qui peuplent le globe. Chacune d'elles a eu sa jeunesse, sa virilité et sa décadence : la loi humaine gouverne tout.

Les nations jeunes marchent à la virilité, et les nations viriles, si elles renoncent à leurs aspirations premières, marchent fatalement à une vieillesse qui est le recommencement de leur ignorance.

Nos corps savants, nos Académies nous offrent un effrayant exemple de ce retour en arrière. Quand les hommes les plus parfaitement instruits y arrivent, ils se figurent que leur carrière est finie, que leur science n'a plus qu'à rayonner sur leurs contemporains, que nul n'a plus le droit de leur rien apprendre.

Que résulte-t-il alors de cette perpétuelle contemplation de soi ?

Que les jeunes savants, repoussés et abreuvés de dégoûts, vont porter ailleurs les nouvelles découvertes dont nous refusons de nous enrichir.

Comme nous sommes bien venus, plus tard, à revendiquer ces illustres proscrits et à leur élever des statues !

Mais achevons notre revue du budget des affaires étrangères.

CHAPITRE VIII.

60,000 francs de présents diplomatiques n'auraient rien d'exagéré, s'il n'y avait que cela.

Ce n'est jamais qu'une dépense d'argent comme on en fait pour empêcher le mal ou pour récompenser le bien.

On donne bien de l'argent à celui qui dit : *la bourse ou la vie !*

Mais aux présents diplomatiques on ajoute des décorations, et c'est là qu'est le mal.

Voyez-vous notre croix de la Légion d'honneur sur la poitrine de ces Prussiens qui enlevaient les meubles, tuaient les maris, battaient les mères et déshonoraient les filles !

CHAPITRE IX.

Indemnités pour pertes éprouvées par les agents dans l'exercice de leurs fonctions.................................. 12.500 fr.

Fonds de secours.............................. 100.000

Total................. 112.500 fr.

Ce que j'admire dans ces chiffres, c'est cette perspicacité à évaluer des pertes une année d'avance. Ce ne sera pas 10,000, 12,000, ni 15,000 fr. — Ce sera 12,500 francs bien comptés.

Je vous disais, en commençant, que si l'on faisait l'économie des fonctions inutiles, les titulaires actuels de ces fonctions ne seraient certainenement pas embarrassés pour se placer avantageusement ailleurs.

Quelle est, en effet, la maison de commerce ou la grande administration qui se priverait des services de calculateurs de cette force ?

CHAPITRE X.

Je veux bien accepter ce chiffre de 500,000 francs pour dépenses secrètes, si ces dépenses cessent d'être secrètes pour nos députés, ou si ceux qui en ont la libre disposition sont nommés avec l'assentiment de l'Assemblée nationale. Je ne prétends pas que ceux à qui on les confie se les approprient indélicatement; mais il pourrait se faire qu'ils ne sussent pas s'en servir.

CHAPITRE XI.

Missions et dépenses extraordinaires, dépenses imprévues, 610,500 fr.

Je comprends les dépenses imprévues; mais je ne comprends pas qu'on puisse préciser si exactement un chiffre pour une dépense qu'on prévoit, mais qu'on ne connaît pas.

CHAPITRE XII.

Pourquoi 52,000 francs pour loger l'ambassade ottomane?

CHAPITRE XIII.

Pourquoi cette subvention de 120,000 francs à l'émir Abd-el-Kader?

Si l'on fait de telles rentes aux ennemis que l'on a abattus, pourquoi payons-nous une indemnité à la Prusse?

CHAPITRE XIV.

Pourquoi cette subvention de 200,000 francs aux chancelleries consulaires?

Est-ce que les traitements faits à ces messieurs ne leur suffisent pas?

CHAPITRE XVII.

Pourquoi, enfin, cette subvention de 75,000 francs pour contribuer annuellement aux frais de restauration d'une église à Jérusalem?

Il semble vraiment que nous n'avons de souci que pour payer des impôts sous toutes les formes et pour toutes les destinations!

Il est bien vrai que toutes ces dépenses ne sont pas le fait du Gouvernement actuel. Mais si le Gouvernement actuel, qui est le gouvernement de la République, continuait à les faire, nous aurions de sérieuses remontrances à lui adresser.

Je profite de cette circonstance, mes enfants, pour vous dire que, lorsque vous allez nommer un député, vous ne devez pas marcher et vous condnire comme le troupeau de Panurge.

Vous êtes tous animés des meilleures intentions.

Quand vous vous rendez au scrutin, vous avez les poches pleines de bulletins de vote, dont vous ont inondés les agents de tous les candidats.

Vous vous êtes dit : Nous avons un député monarchiste, il faut le remplacer par un député républicain.

Mais il se trouve qu'au moment de l'élection le monarchiste a revêtu tout à coup une peau républicaine, et qu'il vous a adressé une magnifique profession de foi.

« C'est à tort, citoyens, vous dit-il, que l'on a contesté mon amour « pour la République. C'est pour la République que j'ai combattu; c'est « pour la République que je veux mourrir.

« Mais il y a République et République.

« Il y a la République qui veut faire respecter vos droits et vos pro- « priétés; assurer à vos enfants le patrimoine de leurs pères; punir « les voleurs et les partageux; chasser les fainéants et les intrigants « sans aveux qui voudraient récolter les moissons que vous avez arro- « sées de vos sueurs.

« Mais il y a, à côté de cela, la République qui ne reconnaît ni la « religion, ni la propriété, ni la famille. — Ceux qui vous la prê- « chent, si honorables qu'ils vous paraissent, ne sont que des intrigants « et des malfaiteurs. Ils ne cherchent à vous séduire que pour vous « dépouiller.

« Voilà, citoyens, ce que sont les deux formes de la République. Je « me fais honneur d'appartenir à la première. Mes ancêtres ont tra- « vaillé, comme les vôtres, à réaliser d'honnêtes économies, et ils ont,

« comme les vôtres, respecté la famille, la propriété et tout ce qui « constitue la prospérité dans nos campagnes, exposées à toutes les « intempéries.

« Je suis né parmi vous ; nos propriétés sont contiguës ; vos intérêts « sont les miens et les miens sont les vôtres. Repoussons donc ensemble « ces clameurs révolutionnaires venues du dehors, et sachons défendre « courageusement des droits qui nous sont communs et qui doivent « rester indissolubles. »

Vous êtes, mes pauvres enfants, tellement naïfs et tellement honnêtes, que lorsque vous avez lu toutes ces belles déclarations et toutes ces belles promesses *imprimées*, vous croyez que *c'est arrivé*.

Vous oubliez les impôts que vous payez sous toutes les formes, pour faire de gros traitements à tous les gros fonctionnaires, pour leur bâtir des palais, pour édifier des cathédrales en France et des églises jusqu'à Jérusalem ; vous oubliez les contraintes, les commandements et les saisies ;

Vous ne voyez plus d'ennemis que parmi ceux qui sacrifient tout, fortune, tranquillité, réputation même, pour vous décider à conquérir un régime meilleur.

Je vous l'ai déjà dit, mes enfants, quand vous voudrez nommer un député, ne prenez pas le premier venu. Prenez un honnête homme que vous saurez avoir été républicain avant la république. Celui-là ne pourra pas changer : il ne changera pas.

Mais défiez-vous, et défiez-vous surtout des républicains devenus républicains trop vite.

Et demandez-vous si ces nouveaux convertis sont jamais venus vous aider à payer les impôts exagérés qu'ils avaient votés.

Revenons, pour terminer, à notre ministère des affaires étrangères.

Je vous ai dit que, pour chaque ministère, il fallait supprimer, tout d'abord, le palais du ministre.

Vous pourriez croire que, par exception, le ministre des affaires étrangères, qui doit faire honneur à ses collègues des autres nations, a besoin d'un palais.

En république, il ne doit y avoir qu'un seul palais : le palais du Gouvernement.

C'est là que le Gouvernement et ses ministres doivent recevoir et traiter tous ceux à qui ils voudront faire fête.

Chacun d'eux prendra son jour, et tous les honneurs seront faits avec le même personnel, les mêmes décors, le même linge et la même vaisselle.

Cela sera plus digne et plus économique tout à la fois.

Nous ne sommes pas dans une situation à jeter les millions par les fenêtres.

Quant à nos ambassadeurs, ministres plénipotentiaires, consuls, etc., tout cela est à réformer.

Jusqu'ici nous avons été représentés à l'étranger par des *noms*; il est temps que nous soyons représentés par des *hommes*.

Avec notre Académie des sciences politiques, avec toutes nos chaires d'enseignement pour les langues étrangères, orientales et autres, comment se fait-il que la France ne prenne pas ses représentants à l'étranger, parmi les savants qui pourraient se passer d'interprètes?

Un savant, dont le nom est devenu populaire sur tous les points du globe, aurait certainement plus d'autorité pour nous représenter à l'étranger que les *Messieurs*, si honorables qu'ils soient, dont on fait chaque jour des ambassadeurs ou des plénipotentiaires.

Parlant la langue de la nation chez laquelle il serait accrédité, accompagné et servi par des auxiliaires parlant également cette langue, le représentant de la France ne serait nullement dépaysé. Non-seulement il converserait, sans intermédiaires, avec les hommes du gouvernement, mais encore il entendrait tout ce qui se dit autour de lui, et en retirerait des enseignements utiles. Il cesserait d'être une curiosité pour devenir un homme comme tout le monde, allant partout et s'instruisant de tout.

En sa qualité de savant, il trouverait, à son arrivée une corporation de savants qui lui formerait une famille.

Il serait promptement au courant de la politique, des usages et des susceptibilités de la nation au milieu de laquelle il serait transplanté.

Il ne transmettrait à notre gouvernement que des renseignements étudiés, contrôlés, devant lesquels il serait impossible d'entretenir des illusions ou de commettre des bévues.

Supposons une scène parfaitement possible aujourd'hui.

Nous envoyons à Constantinople un de nos plus grands personnages, qui ne connait pas le premier mot de la langue turque.

Ce grand personnage est présenté au sultan pour lui remettre les titres qui l'accréditent auprès de son gouvernement.

C'est un drogman qui traduit la conversation :

Le SULTAN. Quel est ce chien?

Le DROGMAN. C'est un ambassadeur que la France vous envoie.

Le SULTAN. Que me veut-il?

Le DROGMAN, *à l'ambassadeur*. Sa Majesté est intimement flattée de recevoir un ambassadeur de votre qualité.

L'AMBASSADEUR. Dites-lui combien mon gouvernement sera heureux de continuer ses excellentes relations avec la Sublime Porte.

Le DROGMAN, *au sultan*. Il vient déposer à vos pieds les très humbles hommages de son gouvernement.

Le SULTAN. Je les accepte. Mais il me manque de respect par sa tenue; qu'on le flanque à la porte.

Le DROGMAN, *à l'ambassadeur*. Sa Majesté vous présente ses compliments et vous prie d'assurer votre gouvernement de sa profonde affection. (*Plus bas.*) D'après le cérémonial, la séance est terminée. Veuillez saluer et vous retirer.

Je suppose bien que pareille scène ne s'est jamais passée, mais enfin, si elle se produisait?

Evitons donc ces écueils et ces ridicules. N'envoyons à l'étranger que des savants connaissant parfaitement la langue du pays, ses mœurs et habitudes ; des savants sans faste, sans faux éclat, sans grandeur empruntée.

Non-seulement alors nous aurons des rapports exacts et utiles, mais encore des relations cimentées par les sympathies de la science internationale destinée à ne faire de tous les peuples qu'une seule et même famille.

VIII

LE MINISTÈRE DE L'INTÉRIEUR

Voici encore, mes enfants, un budget sur lequel il y a bien des millions à économiser.

Abordons-en les chiffres bien vite, car la place pourrait nous manquer.

1. Traitement du ministre et personnel de l'administration centrale........................	1.389.800 fr.
2. Matériel et dépenses diverses des bureaux...	285.700
3. Traitement et indemnités des fonctionnaires administratifs des départements................	5.521.700
4. Abonnements pour frais d'administration des préfectures et sous-préfectures................	5.829.900
5. Inspections générales administratives......	222.000
6. Dépenses générales de la garde nationale....	20.000
7. Personnel des lignes télégraphiques........	9.582.900
8. Matériel des lignes télégraphiques.........	3.895.500
9. Dépenses des commissariats de l'émigration....................................	50.000
10. Traitements et indemnités des commissaires de police..............................	1.900.000
A reporter..........	28.697.500 fr.

Report..........	28.697.500 fr.
11. Subvention à la ville de Paris pour la police municipale	5.207.000
12. Frais de police de l'agglomération lyonnaise....................................	603.500
13. Dépenses secrètes de sûreté publique.....	2.000.000
14. Dépenses ordinaires et frais de transports des détenus, acquisitions et constructions......	14.550.000
15. Remboursements sur le produit du travail des condamnés............................	3.850.000
16. Fonds de subvention créé en faveur des départements par la loi du 18 juillet 1866......	4.000.000
17. Subvention aux établissements généraux de bienfaisance..........................	863.610
18. Secours généraux à des établissements et institutions de bienfaisance.................	1.726.000
19. Secours personnels à divers titres; frais de rapatriement, etc.....................	1.035.000
20. Secours aux étrangers réfugiés.........	500.000
21. Dépenses du matériels des cours d'appel; frais d'occupation du Palais de Justice de Paris par la Cour de cassation....................	530.000
22. Subventions pour construction de ponts sur des chemins vicinaux.....................	300.000
23. Impressions et frais accessoires pour l'exécution de la loi du 11 juillet 1868............	13.000
24. Indemnités à d'anciens fonctionnaires devenus français	10.000
25. Reconstruction des Palais de Justice de Paris, d'Angers et d'Amiens................	225.000
26. Subventions pour faciliter l'achèvement des chemins vicinaux ordinaires et d'intérêt commun..................................	11.500.000
A reporter.......	74.420.410 fr.

Report...........	74.420.410 fr.
27. Dépenses du personnel de la délégation du ministère à Versailles........................	124.000
28. Frais de voyage, dépenses matérielles de la délégation..............................	10.000
29. Remboursement des dépenses de la garde nationale mobilisée, de l'artillerie départementale et des camps d'instruction (1re *annuité*)........	32.200.000
30. Liquidation des dépenses de guerre incombant au ministère de l'intérieur (1er *à-compte*)	6.000.000
Totaux.............	113.744.410 fr.

Les deux premiers chapitres de ce budget, sauf les différences de chiffres, reproduisent les errements des autres budgets.

CHAPITRE PREMIER.

1 chef de cabinet à 6,000 francs et un sous-chef à 4,000 francs, total..	10.000 fr.
4 Directeurs à 15,000 francs..................	60.000
2 chefs de division à 12,000 francs............	24.000
31 chefs de bureaux de 6,000 à 9,000 francs.....	238.000
45 sous-chefs de 4,200 à 5,500 francs..........	218.700
1 caissier à 6,000 francs.....................	6.000
1 payeur à 4,000 francs.....................	4.000
1 bibliothécaire à 4,000 francs...............	4.000
213 commis principaux employés de 1,500 à 4,000 francs..................................	614.000
72 huissiers, garçons de bureau, hommes de peine, etc., de 1,200 à 1,900 francs..............	94.100
Gratifications, indemnités, travaux extraordinaires.	20.000
A reporter...........	1.296.800 fr.

Report..........	1.296.800 fr.
Si on ajoute à cela le traitement du ministre et celui du sous-secrétaire d'État........................	90.000
Nous retrouvons bien le total de notre premier chapitre, ci..................................	1.386.800

CHAPITRE II.

Il suffirait de lire le détail de toutes les dépenses portées sous ce chapitre, pour se faire une idée de la facilité avec laquelle les gouvernements prodiguent notre argent.

Nous avons vu que le *matériel* et les *frais de bureau* nous reviennent à 285,700 francs pour la présente année.

Ce chiffre se décompose comme suit :

Chauffage..................................	37.000
Éclairage..................................	16.000
Cartons, papiers non imprimés, encre, cire, etc.....	35.600
Impressions et papiers fournis par l'imprimerie nationale..	38.000
Atelier de lithographie..........................	4.000
Ouvrages pour les bureaux et la bibliothèque, etc....	10.000
Dépenses diverses; timbre, emballage et frais de transport, entretien des pendules..................	1.600
Dépenses du service intérieur, salaires, habillement et indemnité de logement des gens de service ; blanchissage et entretien du jardin..........................	51.000

Voyez cette précision dans les calculs, 50,000 francs ne suffiraient pas, il faut 51,000 francs. Il serait impossible de faire les choses à moins.

Entretien du mobilier ministériel, de l'hôtel et des bureaux.......................................	12.000
A reporter................	205.200 fr.

Report................	205.200 fr.
Entretien des bâtiments occupés par le ministre et les bureaux................................	35,000
Locations pour les bureaux..................	19.800
Estafettes................................	2.000
Médailles pour les belles actions..............	19.000
Dépenses imprévues.........................	4.700
Somme égale................	285.700 fr.
Si nous ajoutons à cette somme celle que nous venions d'inscrire sous le chapitre 1er, ci............	1.389.800
Nous trouvons que l'administration centrale seule nous revient à..............................	1.675.500 fr.

Franchement, c'est par trop cher!

CHAPITRE III.

Écoutez bien, mes enfants, ce que nous allons lire sous ce chapitre et sous le chapitre IV qui en est le complément, et vous me direz ensuite si une préfecture, quand on la tient, est une chose à se laisser enlever.

Vous verrez, en même temps, ce que vous valez et ce que vous pesez à côté d'un préfet.

Nous payons, chaque année, 87 préfets. Mais il y a préfets et préfets, comme il y a fagots et fagots. Nous en avons à 20,000 francs, à 30,000 francs, à 40,000 francs et à 50,000 francs.

Paris seul se donne le luxe de deux préfets à 50,000 francs; ce sont le préfet de la Seine et le préfet de police, ci..........	100.000 fr.
11 départements ont des préfets de première classe, c'est-à-dire à 40,000 francs, total..................	440.000
30 ont des préfets de deuxième classe, à 30,000 francs, soit...	900.000
Enfin, 44 sont administrés à 20,000 francs.......	880.000
Total..............	2.320.000 fr.

Nous avons 276 sous-préfets également divisés en trois classes :

54 reçoivent 8,000 francs....................	432.000 fr.
58 reçoivent 6,000 francs....................	348.000
164 reçoivent 4,507 francs....................	738.000
	1.518.000 fr.

Nous avons en plus 88 secrétaires généraux pour seconder les préfets et les aider dans leurs travaux.

Il n'est que trop juste qu'un fonctionnaire logé, meublé, chauffé, éclairé et ayant 40,000 francs à dépenser par an, plus une assez large économie sur les frais d'administration, cède au désir d'aller se promener dans les ministères, de se procurer les plaisirs de la chasse, et même de se donner deux ou trois mois de villégiature gratuite chez des parents ou des amis.

Comme, assez généralement, ces messieurs sont gens de haute lignée, il y a partout des châteaux et des ombrages qui s'honorent de les héberger et de leur faire hommage des plus délicieux loisirs.

Nos 88 secrétaires-généraux sont très bien rétribués.

Celui de la préfecture de la Seine émarge 20,000 francs.

Celui de la préfecture de police doit être jaloux, car il ne reçoit ue 15,000 francs.

Pour les autres départements, les secrétaires généraux se divisent, comme les préfets, en trois catégories :

12 de première classe, reçoivent 8,000 francs.

19 de deuxième classe, 6,000 francs.

45 de troisième classe, 4,500 francs.

Si nous additionnons tous les traitements des secrétaires généraux, nous arrivons à une dépense de 507,500 francs.

Et cependant nous ne sommes pas au bout du chapitre.

Nous avons encore à pourvoir au traitement de 298 conseillers de préfecture.

Le département de la Seine nous en passe sept à 9,000 francs....................	63.000 fr.
A reporter..............	63.000 fr.

	Report...............	63.000 fr.
3	commissaires du gouvernement à 6,000 francs..	18.000
56	conseillers à 4,000 francs....................	224.000
113	à 3,000 francs	339.000
119	à 2,000 francs	238.000
	Total....................	882.000 fr.

Vous me direz peut-être, mes enfants, que des appointements de 2, 3 et 4,000 francs ne vous paraissent pas exagérés. Je suis obligé de vous répondre que ces appointements sont énormes, et de plus qu'ils rétribuent des fonctions inutiles.

Un conseiller de préfecture est un homme honorable, choisi avec soin parmi les notabilités du chef-lieu, et surtout parmi ce que l'on appelle les *hommes d'ordre*.

Il se glisse bien parmi eux des notabilités étrangères au département; mais ces notabilités ont une certaine fortune à l'appui de leur ambition, et elles n'ont d'autre but que de faire un stage dont elles tireront parti pour arriver, d'abord à une sous-préfecture, ensuite à une préfecture.

Nous ne nous arrêterons pas à ces notabilités-là qui devraient payer leur apprentissage au lieu de se le faire payer.

Nous n'avons à nous occuper que des conseillers de préfecture pris généralement au chef-lieu, parmi les *hommes d'ordre*.

Je vous l'ai dit, mes enfants, ces gens-là sont des hommes honnêtes; mais comme on n'exige d'eux aucune condition de capacité et d'aptitude définie, il en résulte que lorsqu'ils entrent en fonctions, ils ont tout à apprendre.

Ils sont trop ignorants des choses de leurs fonctions pour pouvoir présenter une objection utile. Ils opinent du bonnet, et en réalité c'est le préfet qui est le conseil de préfecture.

Ils n'en prélèvent pas moins sur le budget 882,000 francs.

Je n'ai pas pu, jusqu'ici, comprendre l'utilité de cette dépense.

Mais voici un autre article de dépense bien plus incroyable encore.

Il est d'usage que, lorsqu'un fonctionnaire est révoqué ou que le gouvernement ne peut plus l'imposer aux populations fatiguées de le subir, ce fonctionnaire soit rendu à ses loisirs et cesse de prendre part au budget de l'État.

Il y a, paraît-il, une exception à cette règle, pour les préfets et sous-préfets qui sont à pied.

On a pensé, sans doute, que des gens habitués à toucher de si forts émoluments seraient atteints de nostalgie, si, en leur donnant congé, on supprimait radicalement la totalité de leur traitement.

Le budget nous apprend que *cinq* préfets en *non-activité* reçoivent 30,000 francs, soit 6,000 francs en moyenne chacun, et **13** sous-préfets, 34,000 francs, soit la moitié ou le tiers du traitement ordinaire.

Il serait temps et grandement temps que l'État voulût bien mettre fin à ces prodigalités que nos mœurs ni nos institutions n'autorisent.

Je me garderai bien de toucher aux maigres 30,000 francs alloués comme indemnité aux anciers fonctionnaires d'Alsace et de Lorraine qui n'ont pu encore être replacés.

J'arrive au chapitre IV que je vous ai dit être le complément du chapitre III.

CHAPITRE IV.

Abonnement pour frais d'administration des préfectures	4.283.700 fr.
Abonnement pour les sous-préfectures	1.142.300
Abonnement au *Journal officiel* pour le service administratif	3.700
Total	5.829.700 fr.

Comptons bien.

87 préfets nous coûtent : traitement	2.320.000 fr.
88 secrétaires généraux	507.500
5 préfets en non-activité	30.000
Abonnement pour frais de sous-préfectures	4.283.700
Total	7.141.200 fr.

C'est-à-dire plus de 80,000 francs en moyenne par préfecture.

Laissons donc les départements s'administrer eux-mêmes, puisque la loi sur les conseils généraux l'a déjà, en grande partie, décidé, et supprimons tous nos préfets et sous-préfets.

Avec *douze mille francs* par an, vous aurez au chef-lieu du département un représentant de l'État qui vous suffira, et avec *cinq mille francs*, s'il le faut, au chef-lieu de l'arrondissement, un autre représentant qui correspondra avec le premier, pour les affaires générales.

A quoi bon tous ces gros fonctionnaires, alors que les chemins de fer ont aujourd'hui tellement abrégé les distances, que le sous-préfet devient un obstacle et une cause de retard, et que le préfet lui-même n'est plus qu'un simple intermédiaire entre les conseils généraux et l'État ?

CHAPITRE V.

Les inspections générales administratives ne coûtent que 222,000 francs, mais c'est encore trop cher.

Les inspections locales suffisent et les inspections générales ne servent à rien, sinon à faire des statistiques qui rétribuent suffisamment ceux qui en sont chargés. Ces messieurs font des livres qu'ils vendent à des prix très avantageux.

Avec 50,000 francs par an, payés comme indemnités de voyage, aux faiseurs de statistiques, le budget y gagnerait et l'État serait mieux informé.

CHAPITRE VI.

Les 20,000 francs portés à ce chapitre n'ont pour objet que de liquider une situation ; il n'y a pas à y insister.

CHAPITRES VII, VIII ET IX.

Supprimer le favoritisme et augmenter les petits traitements en diminuant les gros.

CHAPITRE X.

Oui, il faut des commissaires de police, mais il ne faut pas enrichir les uns pour appauvrir les autres. Un commissaire à 8,000 francs est trop payé ; un commissaire à 1,800 francs ne peut pas vivre.

CHAPITRE XI.

Je retrouve à ce chapitre une subvention de 5,207,000 francs à la ville de Paris, pour la police municipale.

Rien de mieux.

La police de Paris est généralement bien faite, mais elle le serait cent fois mieux encore si, au lieu de charger les commissaires de police d'attributions contestables, on les laissait faire leur devoir consciencieusement et en toute liberté.

L'administration centrale a le défaut de renfermer un état-major qui a la prétention d'absorber trop de choses.

A force de vouloir diriger en maître souverain, cet état-major réduit les fonctions des commissaires de police à l'impuissance.

La plaie de Paris, la lèpre de Paris, c'est l'immoralité au grand jour.

L'Empire a confectionné et nous a légué une débauche dorée qui est sordide. Cette débauche, qui était presque honorée sous le dernier gouvernement, a laissé suinter son virus jusque dans les dernières couches sociales.

Elle ruine les fils de famille quand elle ne les déshonore pas.

Elle produit les maisons de jeu clandestines, les lupanars de bon ton, les coups de revolver et les coups de couteau.

Elle s'affiche au bois, en voitures et en toilettes d'un luxe inouï.

Elle salit dans la rue la jeune fille honnête qui, à une certaine heure, doit s'interdire la circulation sur le trottoir.

Des vieillards indignes, aux moustaches teintes, aux yeux éraillés, mais à la figure maquillée, accostent dans les passages les mieux fréquentés, des anges de pudeur jusqu'au bras de leur mère.

Dans les quartiers les plus commerçants, au centre même de la ville, ces phrynés de bas étage s'affichent au grand jour, sans que le mépris public, tant l'habitude a d'empire, songe à s'ameuter contre leurs allures dévergondées.

Au milieu de la journée, en débraillé, insolemment vêtues, mêlant leurs faux cheveux à leurs dégoûtantes chevelures en désordre, elles vont aux provisions.

Le soir, avant même la tombée de la nuit, elles battent le pavé devant les boutiques de leurs fournisseurs qui les saluent et leur accordent leurs plus gracieux sourires. — Dans ces boutiques pourtant, il y a des jeunes filles plus jolies, gagnant, parce qu'elles ne sont que vertueuses, quarante ou cinquante francs par mois, et sans cesse réprimandées et bousculées par leurs patrons et leurs femmes : Pauvres filles !

Oui, pauvres filles, qui rentrent le soir pour raccommoder leurs bas et leur guenilles, laver leur unique chemise et entendre gémir leur pauvre mère qui a la fièvre, leurs petits frères et leurs petites sœurs qui n'ont pas de pain..... Et l'on veut qu'elles restent vertueuses ! Et l'on trouve mauvais qu'un beau jour, la tête perdue, le cœur gonflé d'angoisses, elles se laissent glisser dans la fange à leur tour !

Oh ! assez de déclamations pudibondes ! de l'action et des faits !

Si nos illustres monarchistes voulaient bien ne pas fuir ce Paris qu'ils croient connaître et qu'ils cherchent à oublier, ils verraient que si Paris à des plaies à la surface, ces plaies sont faciles à guérir, et que le cœur de Paris renferme encore le sang le plus pur de la France.

Pardonnez-moi, mes enfants, cet enthousiasme pour Paris. Mais je l'ai vu dans les jours les plus troublés et les plus malheureux, et malgré l'écume que l'étranger y avait jetée, c'est encore là que j'ai rencontré les plus grandes preuves de dévouement et de solidarité humaine qui se puissent imaginer.

Qui me prouve, en effet, que parmi certains de ces forcenés que l'ivresse et la perte de la raison avaient si horriblement transformés, il ne s'en est pas trouvé quelques-uns dont le vice doré avait souillé la fille !

Oui, 5,207,000 francs de subvention pour la police de Paris. Mais à la condition que la police de Paris extirpera de cette belle et bienfaisante cité le vice qui se montre et la prostitution qui s'affiche.

On a cru faire une grande chose, presque sublime, en créant à la préfecture de police ce que l'on appelle le *bureau des mœurs*.

Il est pavé de bonnes intentions, ce bureau, mais il est impuissant et incapable.

Impuissant, parce qu'il veut tout concentrer entre ses mains, quand il devrait laisser pleines et entières les attributions des commissaires de police. — Incapable, parce qu'il ne peut pas à lui tout seul être la police de Paris dont il ne possède ni les études ni les ressources infinies.

Qu'on ne l'accuse pas de corruption, ce ne serait pas vrai, mais on peut l'accuser hau-tement d'*incapacité*

Sous l'Empire, cette situation malsaine pouvait être acceptée du gouvernement, qui avait des espions dans tous les bouges et qui laissait les araignées construire leurs toiles perfides dans tous ses domaines.

Mais ce n'est plus dans les bouges que l'on conspire aujourd'hui !....

Et puis, ce qu'il nous faut aujourd'hui, c'est de la morale et de l'honnêteté.

CHAPITRE XII.

Je ne vous parlerai point des 603,500 francs pour la police de Lyon, ni des 2,000,000 francs portés au

CHAPITRE XIII

pour dépenses secrètes de la sûreté publique.

Puisque la police a 2,000,000 de fonds secrets, elle devrait bien nous tenir un peu mieux au courant des conspirations monarchiques.

CHAPITRE XIV.

14,550,000 francs pour les prisons et les transports des détenus. C'est trop fort de *dix millions*. Moralisons, et emprisonnons moins.

CHAPITRE XV, XVI ET XVII.

La diminution de notre territoire fait que nous avons 150,000 francs de moins à payer sur le travail des condamnés. Hélas !

Les subventions aux départements et aux établissements généraux de bienfaisance n'ont rien que de louable ; mais il faudrait réduire les traitements de ceux qui font vœu de soigner leur prochain.

CHAPITRE XVIII.

C'est surtout aux dépenses de ce chapitre que s'applique la réflexion qui précède.

J'ai sous les yeux une statistique départementale.

J'y vois deux villes et deux bureaux de bienfaisance placés dans des conditions identiques.

Dans la première ville, les recettes s'élèvent à 11,427 francs et les frais d'administration à 1,854 francs.

Dans la seconde, les recettes sont de 12,247 francs, et les frais d'administration de 322 francs.

D'où vient cette différence?

Je suppose que dans la première ville, la distribution des secours est confiée à l'élément religieux, et que dans la seconde elle est confiée à l'élément laïque.

Je n'affirme pas, je n'en sais rien.

Je dois vous dire toutefois, mes enfants, d'où me vient cette pensée.

D'après la loi, les bureaux de bienfaisance peuvent se faire aider pour la distribution des secours,

S'ils se font aider par des adjoints et des dames de charité laïques, on les seconde gratuitement.

Si, au contraire, ils se font aider par des religieuses, voici, d'après une circulaire du 26 septembre 1839, ce qui doit se passer :

Le bureau de bienfaisance traite avec une congrégation, pour un nombre de sœurs convenu.

On fournit aux sœurs une maison convenable, garnie de lits et de meubles.

Les sœurs sont logées, blanchies, chauffées et éclairées aux frais de l'administration, qui leur donne en outre le linge de ménage.

Les sœurs ne paient ni contributions ni réparations.

Chacune d'elles reçoit, chaque année et par trimestre, une somme déterminée pour sa nourriture, son entretien et son vestiaire.

L'administration leur fournit et leur paie une fille de service.

Quand les sœurs sont malades, elles sont soignées et fournies de médicaments aux frais de l'administration.

Lorsqu'elles deviennent infirmes et hors d'état de travailler, elles continuent à être logées, nourries et soignées, pourvu qu'elles comptent au moins dix ans de service dans l'établissement ou dans *d'autres établissements charitables*.

Pour remplacer les sœurs devenues infirmes, il en est reçu d'autres aux mêmes conditions que les premières.

L'administration est tenue de payer les frais du premier voyage et du port des hardes des sœurs. Il en est de même lors du remplacement d'une sœur par décès, ou lors de l'admission de nouvelles sœurs, en sus du nombre précédemment fixé.

Quand une sœur décède, elle est enterrée aux frais de l'administration et l'on fait célébrer, pour le repos de son âme, une grand'messe et deux messes basses.

Avant le départ de toute sœur hospitalière de la communauté pour se rendre à un bureau de bienfaisance, ce bureau doit payer une somme convenue avec la supérieure, pour les habits et le linge à son usage.

Ainsi, un bureau de bienfaisance qui veut employer des sœurs au lieu des dames charitables qui ne manquent jamais, doit :

1° Offrir aux sœurs une maison convenable ;

2° Meubler cette maison de toutes les choses nécessaires ;

3° Blanchir, chauffer et éclairer les sœurs ;

4° Payer leurs contributions ;

5° Subvenir aux frais de réparation de leur maison ;

6° Leur payer un traitement, souscrit d'avance ;

7° Leur fournir une fille de service ;

8° Les soigner et fournir de médicaments en cas de maladie ;

9° Les nourrir et fournir de tout si elles deviennent infirmes ;

10° En payer d'autres pour les remplacer ;

11° Payer les frais de leur voyage pour se rendre de leur communauté à l'administration du bureau ;

12° Enterrer et payer des messes à celles qui décèdent ;

13° Fournir un trousseau à toute sœur demandée.

Si vous voulez bien, mes enfants, faire le calcul de toutes les dépenses que nous venons de parcourir, vous trouverez assurément, comme moi, que les soins donnés par les religieuses peuvent parfaitement absorber toutes les ressources d'un bureau de bienfaisance.

Et les pauvres ?

Ah ! bien oui ! les pauvres ! on ne les oublie pas, mais les secours pourraient bien leur manquer.

Il faut d'abord payer, c'est de rigueur, les communautés religieuses.

Cela me rappelle un incident de mon voyage à Paris. J'attendais de l'argent et je n'avais plus que cinq francs dans ma poche. J'aperçois, sous une porte cochère, un étalage de porte-monnaie au rabais. J'en vois un dont j'avais marchandé le pareil la veille dans un grand magasin. On m'en avait demandé vingt francs. On m'offre celui-ci pour cinq francs. Je l'achète tout naturellement.

Mais je m'aperçois, après avoir payé mon porte-monnaie, qu'il ne me restait plus rien à y mettre.

Telle est l'histoire des bureaux de bienfaisance quand ils ont eu recours aux communautés religieuses pour secourir leurs pauvres.

Les frais d'administration ont plus qu'absorbé les secours.

Je n'insisterai pas, mes enfants, sur les autres chapitres de ce ministère. Je vous en ai donné tous les chiffres en commençant, et les indications doivent vous suffire.

On a la passion, en France, de construire des églises, des palais de justice et des prisons.

Les grands économistes prétendent que l'on ne reconnaît les pays civilisés qu'à ces trois signes.

Eh bien, mes enfants, je me priverais très volontiers de la vue de tous ces édifices, et je ne me croirais pas un barbare pour cela.

Bien au contraire !

IX

MINISTÈRE DE LA MARINE

ET DES COLONIES

SERVICE GÉNÉRAL.

Encore un gros budget et de très gros traitements :

1. Administration centrale. Personnel........	1.054.540 fr.
2. — — Matériel	307.450
3. Dépôt des cartes et plans de la marine......	444.400
4. États-majors et équipages à terre et à la mer (Personnel naviguant)........................	32.897.506
5. Troupes..........................	11.141.669
6. Corps entretenus et agents divers (Personnel non naviguant)............................	4.047.270
7. Maistrance, gardiennage et surveillance...	3.686.818
8. Hôpitaux	2.306.783
9. Vivres	14.128.595
10. Salaires d'ouvriers : constructions navales..	15.275.000
11. — artillerie...........	1.125.000
11. Approvisionnements généraux de la flotte :	
1re partie. Constructions navales......	29.340.000
2e partie. Artillerie................	1.000.000
— Poudres................	294.847
12. Travaux hydrauliques et bâtiments civils..	3.800.000
13. Justice maritime......................	139.060
A reporter.......	111.989.038 fr.

Report.........	111.989.038 fr.
14. École navale et boursiers de la marine....	217.350
15. Frais généraux d'impression et achat de livres..	349.400
16. Frais de passage, de rapatriement, de pilotage, de voyage, dépenses diverses et ostréiculture..	3.304.400
17. Traitements temporaires.................	80.000
18. Chiourmes..........................	95.970
SERVICE COLONIAL.	
19. Personnel civil et militaire aux colonies....	14.011.835
20. Matériel civil et militaire aux colonies.....	2.439.200
21. Service pénitentiaire...................	5.036.860
22. Subvention au service local des colonies...	863.650
Total du budget de la marine et des colonies.	147.667.603 fr.

Parcourons rapidement ces vingt-deux chapitres.

CHAPITRE PREMIER.

Le ministre, 60,000 francs, c'est connu, ci.....	60.000
5 directeurs, à 20,000 francs..............	100.000
1 chef d'état-major, chef du cabinet.........	*Mémoire.*
6 sous-directeurs à 10,000 francs...........	60.000
14 chefs de bureau, de 7,000 à 9,000 francs...	115.000
26 chefs adjoints, à 7,000 francs, et sous-chefs, de 5,000 à 6,000 francs.....................	147.000
1 agent comptable......................	5.000
1 chef de matériel......................	6.000
1 bibliothécaire.......................	4.000
158 commis principaux et ordinaires, de 1,800 à 4,000 francs.........................	488.740
Différence de traitement pour un sous-directeur remplaçant un chef de bureau................	1.000
2 sous-chefs en excédant.................	11.000
1 adjudant surveillant..................	2.200
A reporter...........	999.940 fr.

Report.......	999.940 fr.
39 huissiers, concierges et garçons de bureau, de 1,200 francs à 1,000 francs....................	54.600
	1.054.540

Je ne reviendrai pas, mes enfants, sur ce que j'ai déjà dit des économies à faire sur tous ces gros traitements. Plus nous avançons dans cet examen, plus les chiffres exagérés me donnent raison.

CHAPITRE II.

Fournitures de bureau...........................	15.000 fr.
Impressions du service central..................	80.000
Salaire de journaliers..........................	38.224
Habillement des gens de service.................	10.481
Chauffage.......................................	53.342
Éclairage.......................................	14.754
Blanchissage....................................	2.668
Ameublement.....................................	20.503
Menues dépenses.................................	12.480
	247.450 fr.
Entretien de l'hôtel du ministère................	60.000
Total............	307.450 fr.

Comme on doit être bien servi dans un ministère! Voyez plutôt :

1° Serviteurs inscrits au chapitre précédent........	54.600 fr.
2° Journaliers..................................	38.224
3° Habillement des gens de service (sans compter les logements).	10.481
Plus de *cent mille francs*, ci............	103.305 fr.

CHAPITRE III.

Dans les frais de ce chapitre, ne figure pas le traitement du directeur général, lequel est un vice-amiral qui touche les émoluments de son grade.

Un chef et un sous-chef de bureau, un bibliothécaire, 11 commis et dessinateurs et un garde-magasin, touchent ensemble 48,000 francs.

Un adjudant et huit gens de service, 13,200 francs.

Fournitures de bureau, chauffage, éclairage, etc.; gages des hommes de peine et salaires d'ouvriers, habillement de ces agents et des gagistes, 30,600 francs.

Cartes, instruments nautiques, etc., 322,600 francs.

Reconnaissances hydrographiques et observations des marées, 30,000 francs.

CHAPITRE IV.

Nous avons 1,768 officiers de marine inscrits à la solde d'activité, et 30 à la solde de réserve.

Les traitements, à la mer, sont naturellement plus élevés que les traitements à terre. Les amiraux seuls ont toujours le même traitement. sans compter les émoluments accessoires.

Voici comment se décompose notre effectif, et en quoi consiste la solde à terre :

2 amiraux, à 30,000 francs.
12 vice-amiraux, à 18,000 francs,
24 contre-amiraux, à 12,000 francs.
100 capitaines de vaisseau, à 6,500 francs.
320 lieutenants de vaisseau de première classe, à 3,000 francs.
320 lieutenants de deuxième classe, à 2,500 francs.
500 enseignes de vaisseau, à 2,000 francs.
140 aspirants de deuxième classe, à 1,600 francs.
70 aspirants de deuxième classe, à 800 francs.

Dans la réserve, nous trouvons :

10 vice-amiraux, à 9,000 francs.
20 contre-amiraux, à 6,000 francs.

Pour compléter ce tableau, ajoutons les officiers en résidence fixe :

14 capitaines de frégate, à 5,000 francs.
38 lieutenants de vaisseau, de première classe, à 3,000 francs.
28 lieutenants de vaisseau, de deuxième classe, à 2,500 francs.

Sur nos 1,768 officiers de marine, en activité, nous en avons 809 à terre et 959 à la mer. Nous avons à la mer : 1 vice-amiral; 6 contre-amiraux; 18 capitaines de vaisseau; 72 capitaines de frégate; 151 lieutenants de vaisseau de première classe et 117 de deuxième classe; 384

enseignes de vaisseau ; 140 aspirants de première classe, et 70 de deuxième classe, c'est-à-dire tous.

Si tous ces officiers étaient à terre, le budget leur paierait, d'après les données qui précèdent, 3,362,500 francs, mais il faut tenir compte de l'augmentation proportionnelle de traitement à la mer. C'est pour cela qu'ils sont inscrits pour 6,226,066 francs.

Je ne m'arrête pas à l'assaisonnement de tous ces émoluments : indemnités de logement ; frais de représentation pour quelques-uns, frais de bureau, etc. ; accessoires de solde, etc., etc., ce qui produit encore une petite dépense de 2,147,377 francs.

Je remarque seulement que les frais de représentation s'appliquent aux préfets maritimes. En voici le détail :

Brest, appointements,	20.000 fr.,	représentation	12.000 fr.,	total	32.000 fr.
Toulon..............	20.000	—	18.000	—	38.000
Rochefort...........	20.000	—	8.000	—	28.000
Cherbourg..........	20.000	—	12 000	—	32.000
Lorient..............	20.000	—	8.000	—	28.000
					158.000 fr.
Frais de bureau, etc.					20 100
					178.000 fr.

Sur quoi il faut déduire le traitement de grade compris dans la solde d'activité, ce qui ne change rien aux émoluments, puisque la différence se retrouve à un autre chapitre.

Le temps me manquerait pour vous détailler les dépenses du génie maritime, des ingénieurs, des commissariats, du corps de santé, des aumôniers qui reçoivent des traitements de prince, des mécaniciens, commis aux vivres, etc.

Je vous dirai seulement que ceux qui président à nos constructions navales se bornent à suivre honnêtement une routine aveugle qui fera, dans un temps donné, de notre marine, ce que l'empire avait fait de notre armée de terre : une non-valeur dans laquelle on a fondu de l'or avec trop d'alliage.

Arrivons aux équipages. Notre effectif est évalué à 27,991 officiers-mariniers, quartiers-maîtres, marins, mousses et surnuméraires, et nous coûte 13,507,470 francs.

Le budget a la délicatesse d'inscrire, pour le traitement de table des commandants, 1,349,244 francs, pour celui des états-majors, 950,679, pour celui des aspirants, 102,906 francs ; total, 2,402,829 francs.

Je savais bien que l'air de la mer donne de l'appétit, mais je n'aurais pas cru qu'il en donnât pour une aussi forte somme.

L'habillement des équipages, le casernement, etc., donnent lieu à des dépenses nécessaires, mais ces dépenses ont besoin d'être revues et, partant, d'être réduites entre les mains de ceux qui en sont les intermédiaires.

CHAPITRE V.

Passons sur les dépenses de notre infanterie de marine, dont l'effectif s'élève à environ 15,000 hommes; sur celles de l'artillerie, dont l'effectif est de 3,459 hommes; de la gendarmerie maritime, etc., et arrivons à l'habillement des troupes.

L'habillement des troupes nous revient à 923,674 francs.

Le casernement, à 462,736 francs.

Le chauffage, l'entretien, etc., à 173,570 francs.

CHAPITRE VI.

Ce chapitre est un des plus riches en dépense. Des inspecteurs, des ingénieurs, etc. Ce personnel du service *non naviguant* a bien raison de ne pas naviguer; il est assez bien rétribué pour s'en dispenser.

CHAPITRE VII.

Oh! ce ne sont pas ceux-ci qui nous ruinent. Saluons-les, mes enfants, et remercions-les de leurs utiles travaux.

CHAPITRE VIII.

Ce chapitre, vous le savez, mes enfants, est celui de la dépense dans les hôpitaux.

Hôpitaux civils, hôpitaux militaires, hôpitaux maritimes, c'est toujours la même chose : un gaspillage fait avec les intentions les plus honnêtes du monde, mais avec la prodigalité la plus insensée.

Sur un effectif total de 85,945 hommes, appartenant au service de la marine, on évalue le nombre des malades à 2,918 et celui des journées de traitement à 916,464.

Et l'on inscrit en dépense pour soigner ces malades, une somme de 1,300,783 francs.

Mais voyons, et je l'en supplie, que le gouvernement veuille bien examiner l'emploi de ces 2,300,783 francs!

Je n'accuse personne de malversation, je le repète, mais il y a là de la dissipation ou de l'incurie.

Je n'ai pas le courage de discuter. Voici les chiffres :

112	sœurs hospitalières (pour appointements sans doute, puisque nous trouverons les frais de leur nourriture plus loin)	63.941 fr.
3	jardiniers botanistes entretenus..............	6.000
27	jardiniers non entretenus..................	23.361
209	infirmiers..............................	101.716
53	gardiens et portiers......................	29.654
43	cuisiniers, barbiers, etc....................	23.357
34	journaliers.............................	20.694
481		260.423 fr.

Indemnité d'habillement aux infirmiers.............	5.175 fr.
— aux gardiens et portiers	3.284
Haute-paie aux infirmiers........................	8.610
Supplément aux vaguemestres.....................	720
Gratifications aux infirmiers......................	2.000
Frais de route des sœurs.........................	1.000
Augmentation de solde des agents dont le traitement est inférieur à 1,200 francs (2e annuité)................	5.300
	26.089 fr.

Nourriture de 112 sœurs, à raison de 492 francs par an.	55.104 fr.
Nourriture de 256 autres agents, à 341 francs.......	87.296
	142.400 fr.

Si les sœurs sont nourries à raison de 492 francs, je ne comprends pas bien comment 341 francs doivent suffire aux autres. Il est vrai que ceux-ci n'ont pas absolument fait vœu de charité.

Mais voici le compte le plus magnifique qui se puisse encadrer dans un budget :

Vivres (je suppose que les vins de choix sont compris)	400.889 fr.
Chauffage	19.904
Éclairage................................	26.810
Drogues et médicaments, sangsues, etc. (on les fait	
A reporter........	447.603

Report	447.603 fr.
donc faire, les sangsues ?)........................	270.420
Linge à pansements, charpie, etc. (quelles plaies y a-t-il donc dans les hôpitaux en temps de paix?)	115.631
Instruments de chirurgie, bandages herniaires, etc. (mais c'est effrayant, cela !)......................	128.710
Renouvellement du mobilier (duquel ?)	114.236
	1.076.600 fr.
Ajoutez encore, pour dépenses relatives au matériel..	119.580
Et pour traitement des malades hors des hôpitaux de France....................................	668.691

Et vous comprendrez quels sont les éléments qui entrent dans la composition de ce chapitre.

CHAPITRES IX, X, XI, XII, XIII, XIV, XV.

Je vous fait grâce de ces chapitres dont j'ai déjà indiqué suffisamment les dépenses. Je ne pourrais que répéter, en ce qui les concerne, ce que j'ai dit en parlant du ministère de la guerre.

CHAPITRE XVI.

Je ne m'arrêterais pas à ce chapitre, mes enfants, si je n'y trouvais une dépense de *cent mille francs* accordée à une prétendue science qui croit, avec tout l'aplomb et toute la bonne foi de l'ignorance, multiplier la production des huîtres, en bouleversant nos vieilles théories fondées sur deux cents ans d'expériences intelligentes.

Encore une fois, que le gouvernement nous débarrasse des trois quarts de sa science officielle, ou que du moins il ne nous oblige pas à subventionner le mal qu'elle nous cause.

S'il lui faut absolument des savants en *ostréiculture*, qu'il nous en envoie de bien préparés, et nous leurs enseignerons ce qu'ils ont la prétention de vouloir nous apprendre.

CHAPITRE XVII.

Ce chapitre s'applique à des soldes de réforme, de non-activité, et à des traitements *temporaires* par suite de suppression d'emploi.

CHAPITRE XVIII.

Avant que les chiourmes ne disparaissent tout à fait de France, ce qui est à souhaiter, je dois vous dire ce que coûtent les forçats.

Notre budget a été calculé en vue de 1,800 forçats au bagne de Toulon, et de 300 forçats à bord des bâtiments de l'État.

Habillement	31,000 fr.
Couchage	2.120
Fers, ustensiles, etc.	1.980
Blanchissage et propreté	1.580
Entretien de la chaussure	16.000
Éclairage	2.500
Achats spéciaux de linge, chaussures et fers pour les condamnés transportés	25.710
Dépenses accessoires	800
Frais de capture de forçats évadés	800
Police secrète du bagne	500
Salaires et façons d'ouvrages (service intérieur)	10.720
Indemnité d'habillement aux forçats libérés et graciés	1.200
Indemnité de gestion aux comptables de la caisse des chiourmes	600
Secours aux forçats libérés et graciés dont l'avoir est moindre de 20 francs	160
Gratifications aux condamnés pour actions louables	300
Total	95.970 fr.

Mais passons.

CHAPITRES XIX, XX, XXI et XXII.

Ces chapitres sont, vous le savez, consacrés au service colonial.

Chapitre 19. — Personnel civil et militaire, comprenant, notamment, le gouvernement, l'administration, la justice, les cultes, l'inspection, les états-majors, la gendarmerie, etc.	14.011.835 fr.
Chapitre 20. — Matériel civil et militaire	2.439.200
Chapitre 21. — Service pénitentiaire	5.036.860
Chapitre 22. — Subvention au service local	863.650
Total	22.351.545 fr.

On pourrait, sans inconvénient, économiser au moins la moitié de cette somme. Les choses n'en iraient pas plus mal.

X

MINISTÈRE

DES TRAVAUX PUBLICS

J'en ai assez dit, mes enfants, pour démontrer la nécessité de diminuer les gros traitements et les dépenses inutiles ou exagérées; je terminerai cet exposé par l'énumération des chapitres de ce dernier ministère.

1° *Service ordinaire.*

1. Traitement du ministre et du personnel de l'administration centrale	836.150 fr.
2. Matériel et dépenses diverses des bureaux de l'administration centrale	163.000
3. Personnel du corps des ponts et chaussées...	3.895.000
4. Personnel des sous-ingénieurs et des conducteurs des ponts et chaussées	4.213.950
5. Personnel du corps des mines, enseignement et écoles	831.300
6. Personnel des gardes-mines	189.700
7. Personnel des officiers et maîtres du port du service maritime	288.500
8. Personnel des agents affectés à la surveillance de la pêche fluviale	339.500
9. Secours	75.000
A reporter......	10.632.100 fr.

Report.........	10.632.100
10. Établissements thermaux appartenant à l'État.	40.000
11. Routes et ponts. Travaux ordinaires......	31.800.000
12. Navigation intérieure (rivières). Travaux ordinaires................................	4.800.000
13. Navigation intérieure (canaux). Travaux ordinaires................................	4.000.000
14. Ports maritimes, phares et fanaux. Travaux ordinaires................................	5.000.000
15. Études et subventions pour travaux d'irrigation, de dessèchement et de curage............	300.000
16. Subventions applicables aux travaux à exécuter par voie de concession de péage et au rachat de concessions.............................	50.000
17. Matériel des mines.....................	50.000
18. Annuités aux compagnies concessionnaires des chemins de fer.........................	20.574.310
19. Personnel des bâtiments civils...........	103.600
20. Entretien des bâtiments civils............	850.000
21. Constructions et grosses réparations des bâtiments civils	1.400.000
22. Entretien et grosses réparations des palais nationaux................................	2.000.000
23. Service de la régie et du mobilier des palais nationaux	1.112.800
24. Dépenses d'entretien et de grosses réparations des eaux de Versailles et de Marly.............	350.000
	84.062.810 fr.
25 et 26. Chapitres annulés.	

2° *Travaux extraordinaires.*

27. Établissement thermal d'Aix.............	35.700
28. Lacunes des routes nationales............	800.000
29. Rectification des routes nationales.........	700.000
A reporter.......	1.535.700 fr.

Report............	1.535.700 fr.
30. Nouvelles routes nationales de la Corse....	450,000
31. Routes forestières de la Corse.............	150.000
32. Construction de ponts..................	4.000.000
33. Amélioration des rivières...............	700.000
34. Établissement de canaux de navigation.....	3.000.000
35. Travaux d'amélioration et d'achèvement des ports maritimes............................	7.000.000
36. Travaux de défense contre les inondations..	800.000
37. Travaux d'amélioration agricole.........	1.500.000
38. Assainissement des marais communaux....	50.000
39. Prêts pour irrigations et dessèchements....	10.000
40. Exécution de la carte géologique détaillée de a France.............................	40.000
41. Travaux de chemins de fer exécutés par l'état.	2.883.000
42. Subventions aux compagnies concessionnaires des chemins de fer...................	6.492.550
43. Subventions pour chemins de fer d'intérêt local....................................	4.500.000
44. Garanties d'intérêt aux Compagnies de chemins de fer...............................	2.000.000
45. Édifices publics.......................	2.000.000
46. Construction du nouvel Opéra............	1.500.000
47. Achèvement des galeries et des serres du Muséum d'histoire naturelle...................	1.200.000
	130.626.060 fr.

Examinons ces différents chapitres.

CHAPITRE PREMIER.

Les gros traitements ne font pas plus défaut à ce ministère qu'à tous les autres, sans compter toujours les mêmes dépenses inutiles.

Nous allons reproduire les chiffres sans les discuter.

Le ministre, 60,000 francs; — un secrétaire général, 25,000 francs;

— un directeur général des ponts et chaussées et des chemins de fer, 25,000 francs; — un chef de cabinet, 5,000 francs; — deux directeurs, à 10,000 et à 15,000 francs, 25,000 francs; — sept chefs de division, de 11,000 à 15,000 francs, 89,000 francs; — *vingt-cinq* chefs de bureau, de 6,000 à 8,000 francs, 155,000 francs; — *vingt-cinq* sous-chefs de bureau, de 4,000 à 5,500 francs, 118,750 francs;—65 rédacteurs, de 2,000 à 3,800 francs, 173,600 francs; — 39 expéditionnaires de 1,500 à 3,000 francs, 87,300 francs; — un chef du matériel à 6,000 francs, et un agent spécial, à 5,500 francs; 11,500 francs; — gens de service, 61,000 francs. — Total, 836,150 francs.

Dans ce ministère, pas de soldats, tous officiers, à moins que l'on n'appelle *commis* les expéditionnaires et les gens de service.

CHAPITRE II.

Nous avons vu le chiffre total de ce chapitre. Il comprend, entre autres dépenses :

Fournitures de bureau, 25,000 francs; — impressions et autographies, 17,000 francs; — chauffage, 27,000 francs; — éclairage, 10,000 francs; — lingerie, etc., 11,000 francs; — habillement des gens de service, 10,000 francs; — entretien du mobilier de l'hôtel et des bureaux, 18,500 francs; — entretien des bâtiments, 25,000 francs, etc., etc.

Et cela fait, en tout, 163,000 francs !

Le quart de cette somme devrait suffire, et au delà.

CHAPITRE III.

Le temps nous manquerait, s'il fallait discuter.

8 *inspecteurs* de première classe, à 15,000 francs, et 27 de deuxième classe, à 12,000 francs; total, 324,000 francs.

35 *ingénieurs en chef* de première classe, à 8,000 francs, et 52 à 7,000 francs; — 87 de deuxième classe à 6,000 francs.

130 *ingénieurs ordinaires* de première classe, à 4,500 francs, — 130 de deuxième classe à 3,500 francs, — 64 de troisième classe, à 2,500 francs, — 54 élèves ingénieurs, à 1,800 francs, et ingénieurs de tout grade en disponibilité (ensemble), 28,900 francs. Total, 2,460,200 francs.

Ajoutez à cela 1,023,000 francs pour frais accessoires de bureau, tournées, frais fixes et de déplacement des inspecteurs, ingénieurs et élèves.

Plus, 71,000 francs pour l'*École des ponts et chaussées*, et vous aurez le total de ce chapitre.

CHAPITRE IV.

Ne critiquons pas les émoluments de ce chapitre, ils sont accordés à des travailleurs utiles :

30 ingénieurs à 3,000 francs, — 120 conducteurs principaux, à 2,800 francs, — 290 conducteurs de première classe, à 2,400 francs, — 440 de deuxième classe, à 2,100 francs, — 440 de troisième classe à 1,800 francs, — 440 de quatrième classe, à 1,600 francs, et 440 conducteurs auxiliaires à 1,400 francs. — Ajoutez 49,000 francs pour frais de déplacement, etc., et vous aurez les 4,213,950 francs portés à ce chapitre.

CHAPITRE V.

Ce chapitre est également assez curieux pour être détaillé :

3 inspecteurs généraux de première classe, à 15,000 francs, — 7 de deuxième classe, à 12,000 francs, — 3 ingénieurs en chef de première classe, à 8,000 francs, — 10 à 7,000 francs, 13 de deuxième classe, à 6,000 francs, — 21 ingénieurs ordinaires de première classe, à 4,500 francs, — 21, de deuxième classe, à 3,500 francs, — 11 de troisième classe, à 2,500 francs, — 11 élèves ingénieurs, à 1,800 francs, — ingénieurs en disponibilité, 10,000 francs, — secrétariat du conseil des mines, 4,100 francs.

Ce n'est pas tout.

Frais divers, non détaillés, 185,400 francs, — École des mines de Paris, 93,200 francs, — École des mineurs de Saint-Étienne, 16,700 francs; — École des maîtres mineurs d'Alais, 5,600 francs.

Cela ne fait, en tout, que 831,300 francs.

CHAPITRE VI.

6 gardes-mines principaux reçoivent 2,800 francs chacun, — 10 gardes mines de première classe, 2,400, — 16 de deuxième classe, 2,100 francs, — 16 de troisième classe, 1,800 francs, — 16 de qua-

trième classe, 1,600 francs, — 16 de cinquième classe, 1,400 francs. Frais de déplacement, etc., 38,500 francs ;— total, 189,700 francs.

CHAPITRES VII, VIII, IX et X.

Le budget ne détaille pas les dépenses de ces chapitres.

CHAPITRE XI.

Je vous demande, mes enfants, pourquoi nous dépensons près de 30 millions pour les *routes nationales.*

A quoi nous servent-elles depuis que nous avons les chemins de fer et les routes départementales ?

Conservons-en une seule, comme curiosité, pour les générations à venir, mais abandonnons les autres aux départements.

Les chapitres qui suivent sont la démonstration la plus éloquente du tort qu'a l'État de vouloir tout faire par lui-même, au lieu de procéder par adjudication, et de sa manie de prodiguer des dépenses inutiles.

Chapitre 12. — Les crédits de ce chapitre arrêtent-ils les inondations ?

Chapitres 13, 14, 15, 16. — Adjugez les travaux de façon que l'État n'ait qu'à y contribuer pour une part déterminée.

Chapitres 17 et 18. — Conservons le matériel des mines et les subventions aux chemins de fer, puisque nous y sommes engagés.

Chapitres 19, 20, 21, 22 et 23. — Supprimons donc les bâtiments civils. Vendons-en le plus possible.

Pourquoi 2,000,000 francs pour entretenir des palais qui nous exposent aux convoitises d'un aventurier ?

Pourquoi 1,112,800 francs pour entretenir le mobilier de ces palais ?

Chapitre 24. — Laissez cette dépense à Versailles, qui la fera payer à ceux qui voudront en avoir le spectacle.

Chapitres 27, 28 et 29. — Encore une fois, supprimons les routes nationales.

Chapitres 30 et 31. — Vendons la Corse et achetons une petite colonie ailleurs.

Chapitres 32 à 44. — Des adjudications, des subventions et des secours, mais le moins d'administration possible. Le budget de l'État y gagnera, et nous aurons des adjudicataires responsables qui feront mieux que les travailleurs officiels.

Chapitres 45 et 46. — Les dépenses portées sous ces chapitres sont utiles, mais le budget ne nous fournissant aucun document à l'appui, il est assez difficile de s'en rendre compte et impossible de les contrôler.

Quand l'État paie de si forts émoluments aux gens habiles qu'il emploie, il devrait trouver une économie considérable dans les frais des travaux qu'il fait effectuer, et cependant c'est le contraire qui arrive, les travaux faits par l'État reviennent toujours plus cher que ceux faits par les particuliers.

Je m'arrête ici, mes enfants. Vous avez pu voir, par les chiffres que j'ai fait passer sous vos yeux, combien il est facile de réaliser une économie de *cinq cents millions* sur notre budget de deux milliards et demi.

200 *millions* par la suppression de l'Empire et de son entourage;

100 *millions* sur le budget de la guerre;

200 *millions* sur les autres budgets, par la vente des palais et des mobiliers des ministères, par la suppression des traitements inutiles, par l'adjudication de la plupart des travaux et des fournitures qui se traitent administrativement à grands frais et force emploi de fonctionnaires, dont nous pouvons nous passer.

Il est temps, d'ailleurs, que la nation apprenne à faire ses affaires elle-même, à s'administrer elle-même, à se juger elle-même et à prier Dieu elle-même.

Que les rois et les empereurs cherchent, pour se faire croire nécessaires, à nous transformer en imbéciles, incapables de nous conduire tout seuls, cela se conçoit, c'est leur intérêt et leur unique argument pour justifier leur raison d'être.

Mais que, lorsque nous sommes débarrassés de leurs étreintes, nous conservions encore les instruments d'un passé destinés à nous asservir! ce serait plus que de l'aveuglement, ce serait de la folie.

On ne doit plus emprunter à gros intérêts quand on est assez riche pour payer ses dettes.

TABLE

FIN

Paris. — Imprimerie Alcan-Lévy, 61, rue de Lafayette,

PARIS — IMPRIMERIE ALCAN-LÉVY 61, RUE DE LAFAYETTE.

www.ingramcontent.com/pod-product-compliance
Ingram Content Group UK Ltd.
Pitfield, Milton Keynes, MK11 3LW, UK
UKHW020338230726
13925UKWH00003B/849